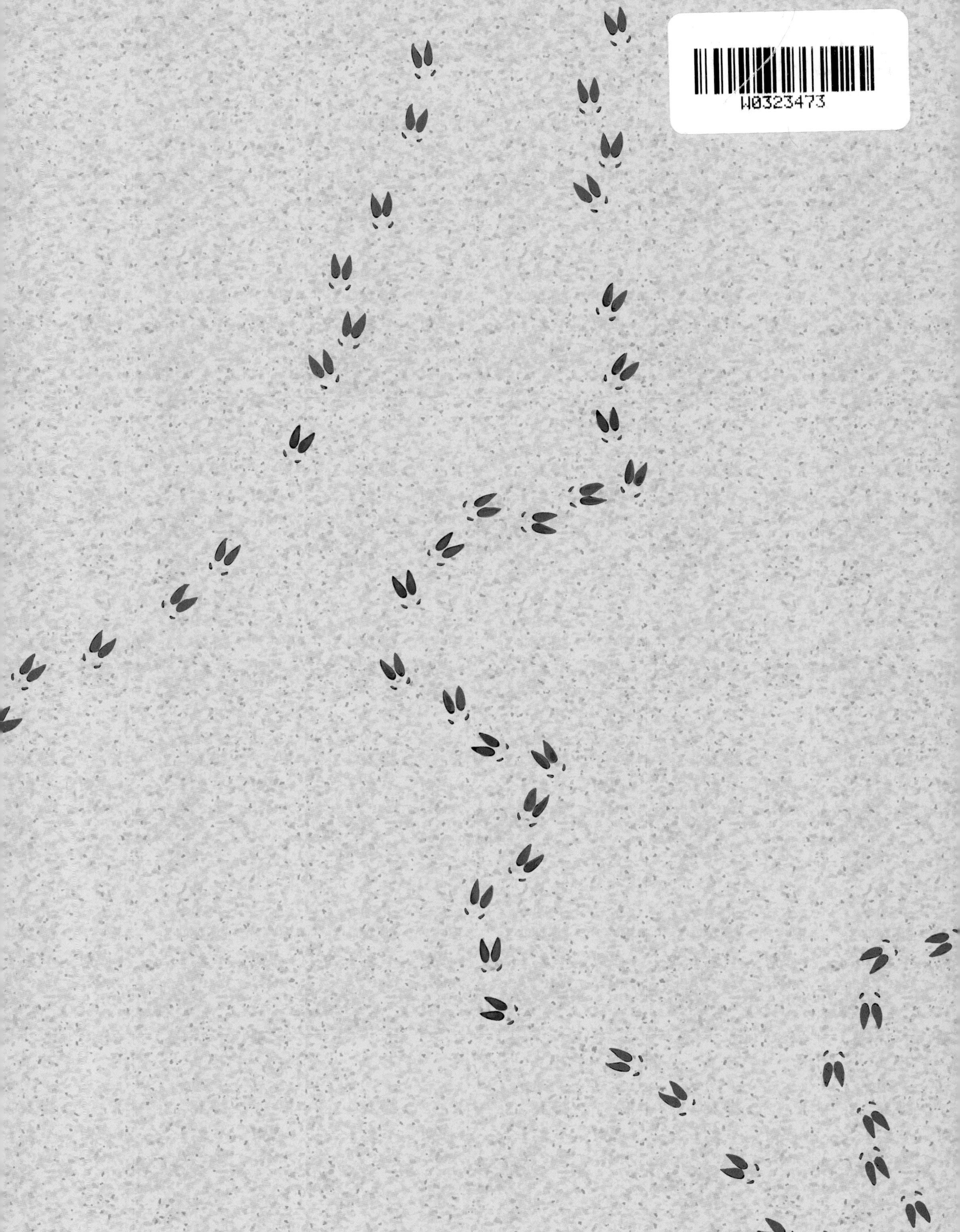

Anja Fröhlich schreibt seit zwanzig Jahren Kinderbücher und staunt schon von Berufs wegen gerne. Seit der Sohn erwachsen und der Mann Reisejournalist ist, kann sie das an den entlegensten Orten der Welt tun. Doch genauso gerne ist sie zu Hause in Köln, wo sie seit dem Studium der Filmwissenschaft, Kunstgeschichte und Psychologie lebt.

Betina Gotzen-Beek, 1965 in Mönchengladbach geboren, verbrachte ihre Kindheit auf den sieben Weltmeeren. Bereits früh wusste sie, was ihre Leidenschaft ist – das Malen. Seit ihrem Grafik-Design- und Malerei-Studium illustriert sie Kinderbücher. Dabei liebt sie es, immer wieder neue Techniken auszuprobieren. Die Illustratorin lebt mit ihrer Familie in Freiburg.

MIX
Papier aus verantwortungsvollen Quellen
FSC® C111262

Bibliografische Information der Deutschen Nationalbibliothek:

Die Deutsche Nationalbibliothek verzeichnet diese Publikation in der Deutschen Nationalbibliografie. Detaillierte bibliografische Daten sind im Internet auf www.dnb.d-nb.de abrufbar.

1 3 5 4 2

Cover- und Innenillustration: Betina Gotzen-Beek
Covertypografie: Behrend & Buchholz Grafik-Design GbR, Hamburg

Printed in EU
ISBN 978-3-7478-0031-7

www.hummelburg.de

Mops und Fidel suchen ihren Papa

Eine Geschichte von Anja Fröhlich

Mit Bildern von Betina Gotzen-Beek

HUMMEL
BURG

„Auf geht's, Kinder, Futter suchen!", ruft die Wildschweinmama.
Aber Mops und Fidel haben keine Lust. Sie wollen nicht im dreckigen Waldboden rumschnüffeln. Fidel wurde schon mal von einem Käfer gebissen. Und bei Mops steckte hinterher eine Schnecke in der Nase.

„Mama, bringst du uns was mit?“, fragt Fidel. „Ich nehme einen Pilz-Burger!“
„Und ich einen Salat mit extraviel Tulpenzwiebeln!“, ruft Mops.
„Sonst noch was?“, grunzt die Wildschweinmama. „Eure Faulheit habt ihr wohl von eurem Vater geerbt.“
Mama meint, Mops und Fidel sollen ihr Essen selber sammeln. „Sonst könnt ihr ohne Abendessen ins Bett gehen“, sagt sie.
„Mama nervt wieder“, flüstert Mops Fidel ins Ohr.
„Allerdings“, sagt Fidel. „Vielleicht sollten wir doch lieber bei unserem Papa wohnen. Bestimmt ist der viel cooler.“

Als Mama unterwegs ist, beginnen Mops und Fidel die Suche nach ihrem Papa. „Woran erkennen wir ihn eigentlich?“, fragt Fidel. „Wir haben ihn doch noch nie gesehen.“

Mops denkt nach. „Er muss uns ähnlich sein“, sagt er. „Aber vielleicht anders ähnlich als Mama.“

Mops und Fidel schauen sich gegenseitig an.

„Was ist denn das Besondere an uns?“, fragt Fidel.

Mops überlegt. „Das Besondere an uns ist, dass wir Streifen haben“, sagt er. „Wie ein Schlafanzug.“

„Das ist es!“, ruft Fidel. „Wir suchen nach Streifen. Unsere Mutter hat jedenfalls keine Streifen – so viel steht fest. Wir müssen die von unserem Vater geerbt haben.“

Mops lacht. „Ja, genau wie die Faulheit.“

Auf einem Baum sehen Mops und Fidel ein Streifenhörnchen sitzen. „Papa?“, fragt Mops. „Bist du unser Papa?“ Das Streifenhörnchen schüttelt den kleinen Kopf. „Meinst du mich? Soll das ein Witz sein?“ „Ich frage ja nur – wegen der Streifen“, erklärt Mops. Da bekommt das Streifenhörnchen einen Lachanfall. „Leute, ihr habt echt keine Ahnung von Vätern!“, prustet es. „Die sind groß und stark. Jedenfalls größer als man selber.“

„Hab ich mir gleich gedacht!“, ruft Fidel dem Streifenhörnchen zu. „Du bist auch viel zu klein und mickrig für uns!“

Mops’ und Fidels Papa-Suche geht weiter. Die beiden entdecken ein Reh im Wald.

„Wow, das sind aber mal schicke große Streifen“, flüstert Mops Fidel ins Ohr.

„Das sind doch keine Streifen, das sind Tupfer“, sagt Fidel.

„Meinetwegen, dann sind es halt getupfte Streifen“, antwortet Mops.

Er spricht das Reh vorsichtig an. „Entschuldigen Sie, Herr Reh, könnte es sein, dass Sie unser Vater sind?“

„Na, das ist ja wohl eine Frechheit!“, antwortet das Reh. „Wollt ihr mich beleidigen? Ich bin doch kein Mann, sondern eine Dame! Das sieht man ja wohl an meinen schlanken, langen Beinen. Und ein Schwein bin ich schon mal gar nicht.“

„Fidel, ich glaub, wir haben uns zu sehr auf die Streifen verstreift – äh, versteift“, sagt Mops.

Fidel denkt laut nach. „Was ist denn noch besonders an uns? Außer unserem Aussehen?“

„Na, wir sind wild“, sagt Mops. „Deswegen heißen wir ja auch Wildschweine.“

„Genau, das ist es!“, ruft Fidel und wälzt sich vor Freude im Matsch.

„Aber woran erkennt man, dass wir wild sind?“, will Mops wissen.

„Na, ist doch klar, weil wir grunzen können“, erklärt Fidel. „Vögel singen, Bienen summen, Wölfe heulen. Aber wir, wir grunzen!“

„Du sagst es!“, ruft Mops. „Wir müssen nach einem Grunzer suchen. Der Obergrunzer, das ist bestimmt unser Papa.“

Bald darauf begegnen die beiden einem großen Bären. Der sieht ziemlich wild aus! Mops hält die Luft an und reißt die Augen auf. „Auweia, das ist er! Das muss unser Papa sein."

„Mal sehen", sagt Fidel. „Das haben wir ja schon öfter gedacht."

Fidel nimmt all seinen Mut zusammen und spricht den Bären an. „Kannst du grunzen?“

„Grunzen?“, fragt der Bär. „Grunzen ist doch nur was für kleine Grunzer. Wenn ich das Maul aufmache, dann wächst kein Gras mehr.“

Dann brüllt der Bär so laut, dass Mops und Fidel beinahe die Ohren wegfliegen.
So werden wir auch mal grunzen, wenn wir groß sind, denkt Mops.

„Könnte es sein, dass du unser Papa bist?“, fragt Fidel den Bären.
„Quatsch mit Honig!“, antwortet der Bär. „Schaut euch doch mal an! Ihr zwei lauft auf vier Beinen. Aber ich kann auch auf zwei Beinen laufen. Und ich muss nicht mit der Nase im Boden rumwühlen wie ein Ameisenbär. Versteht ihr beiden Kleinen? Außerdem habt ihr Hufe, während ich riesige Pranken hab.“ Der Bär lacht. „Pranken mit scharfen Krallen dran. Ich kann mir mein Futter mit der Tatze schnappen.“

„Meint er etwa uns mit dem Futter?“, flüstert Mops.
„Kann sein. Hauen wir lieber ab, bevor er uns noch auffuttert!“, antwortet Fidel.
Im Schweinsgalopp rennen die beiden davon.

„Lass uns zurück zu Mama gehen“, sagt Mops. „Papa-Suchen macht keinen Spaß.“
„Warum hat uns Papa eigentlich noch nie besucht?“, fragt Fidel. „Dann wüssten wir wenigstens, wie er aussieht.“

Mops denkt nach. „Na ja, vielleicht, weil wir bisher Babys waren. Babys sind uncool.“ „Oder weil die blöden Wildschweinväter zu wild für einen Familienbesuch sind“, brummt Fidel.

Als es dunkel wird, laufen Mops und Fidel immer noch alleine im Wald herum.
Es ist kein Papa in Sicht! An einem Teich sehen sie zum ersten Mal ihre Gesichter – wie in einem Spiegel.

„Mein Gesicht sieht ja genauso aus wie deins!“, ruft Fidel.
„Holla, die Waldfee, du hast recht!“, sagt Mops. „Es gibt uns zwei Mal.“
Da hören sie plötzlich eine tiefe Stimme.
„Jedes Wildschwein ist einzigartig“, sagt die Stimme. „Auch wenn wir uns manchmal sehr ähnlich sehen.“

Mops und Fidel drehen sich um. Direkt hinter ihnen steht ein großer schwarzer Berg aus Fell.

„Ihr wolltet mich sprechen?“, sagt der Fellberg.

Mops schüttelt ängstlich den Kopf. „Eigentlich nicht. Wer bist du denn?“

„Na, euer Vater.“

„Das kann ja jeder sagen“, murmelt Fidel.

„Der Fellberg lacht und tritt einen Schritt zurück. Jetzt können Mops und Fidel auch seinen Kopf sehen.
„Aber du siehst ganz anders aus als wir. Jedenfalls hast du keine Streifen", bemerkt Fidel.
„Dafür hast du Stoßzähne – wie ein Elefant!", sagt Mops.
„Wisst ihr eigentlich, warum dieser Bär euch nicht gefressen hat? Weil er Angst vor meinen Stoßzähnen hatte", erklärt der Wildschwein-Papa „Der Bär wusste, dass ich euer Vater bin. Und niemand futtert die Kinder von Eberhard, dem Wildschwein-Eber!"
Mops und Fidel schauen ihn staunend an.
„Und ich sag euch noch was: Wenn ihr groß seid, werdet ihr auch gefährliche Zähne haben, wie ich. Darauf könnt ihr euch schon freuen. Und eure niedlichen Streifen sind dann verschwunden!"

Die Wildschweinmama hat Mops und Fidel überall gesucht. Und jetzt endlich hat sie die beiden im Wald gefunden.
„Ihr könnt doch nicht einfach abhauen!“, ruft sie. „Ihr seid noch viel zu klein, um alleine loszuziehen!“
„Quatsch mit Honig“, sagt Mops. „Wir sind wilde Wildschweine!“
Aber insgeheim sind Mops und Fidel froh, dass sie ihre Mama wiederhaben.

Zusammen mit Papa und Mama machen sie ein Mitternachtspicknick.
Papa hat noch Pilz-Burger und Tulpenzwiebelsalat besorgt. Und er verspricht, in Zukunft immer für Mops und Fidel da zu sein, wenn sie ihn brauchen.

Als Mops und Fidel spät in der Nacht in ihren Betten liegen, können sie nicht einschlafen.

„Hast du gehört, was Papa gesagt hat?“, flüstert Mops. „Eines Tages sind wir groß wie ein Berg. Und dann haben wir keine Streifen mehr, dafür aber furchterregende Elefantenzähne.“

„Genau. Eines Tages, da sind wir wirklich wild“, sagt Fidel und gähnt genüsslich. „Und bis dahin sind wir ein bisschen wild, ein bisschen gemütlich und immer mopsfidel.“

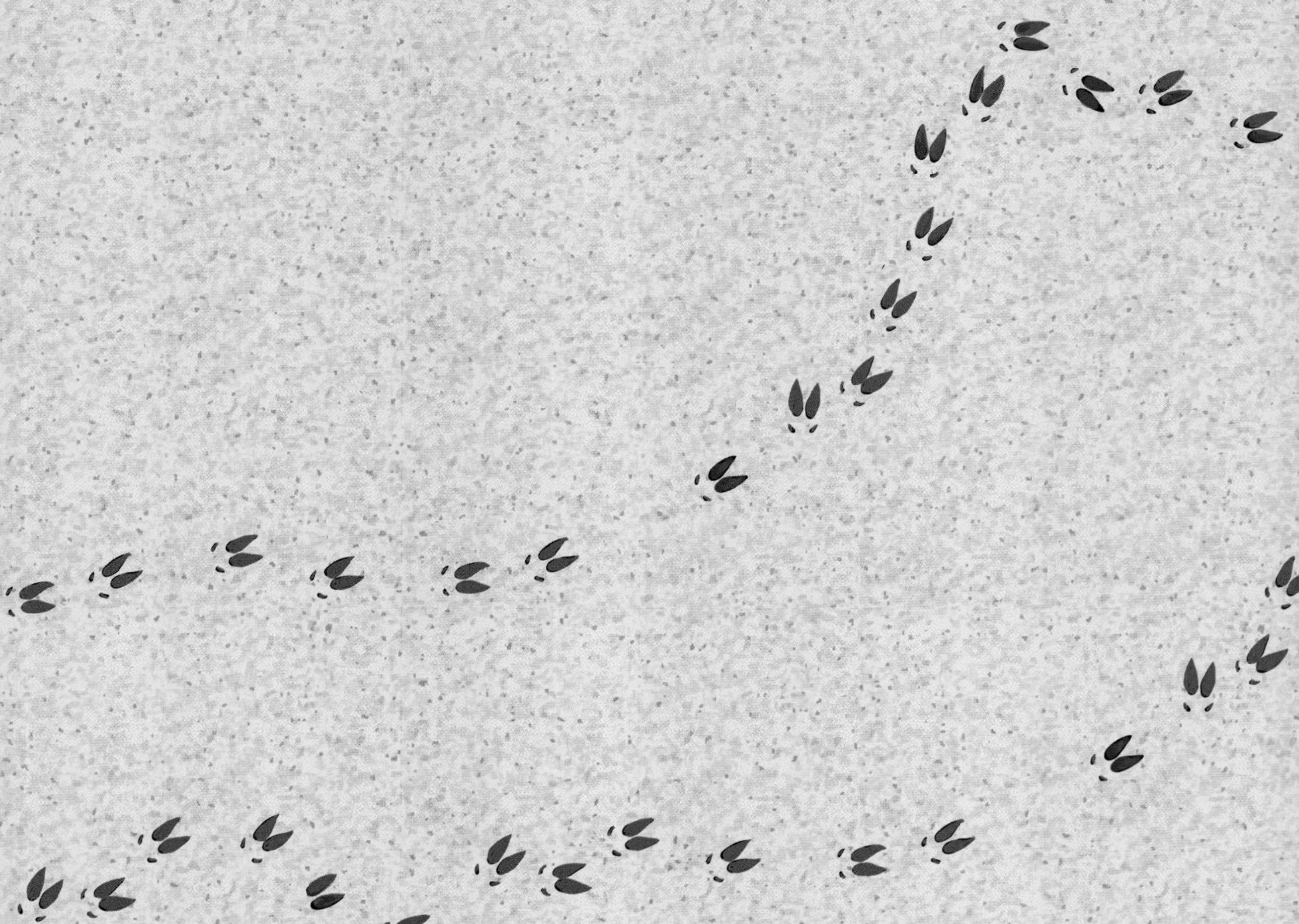

amaterra.fr

6c, rue des Capucins, 69001 Lyon • contact@amaterra.fr

Conforme à la loi n°49-956 du 16 juillet 1949 sur les publications destinées à la jeunesse.
Dépôt légal : 3e trimestre 2016 • Imprimé en CE

Conception graphique : E.A

AUX TEMPS
LOINTAINS
DE L'ANTIQUITÉ

Amanishakhéto, reine de Nubie, 1er siècle av. J.-C.

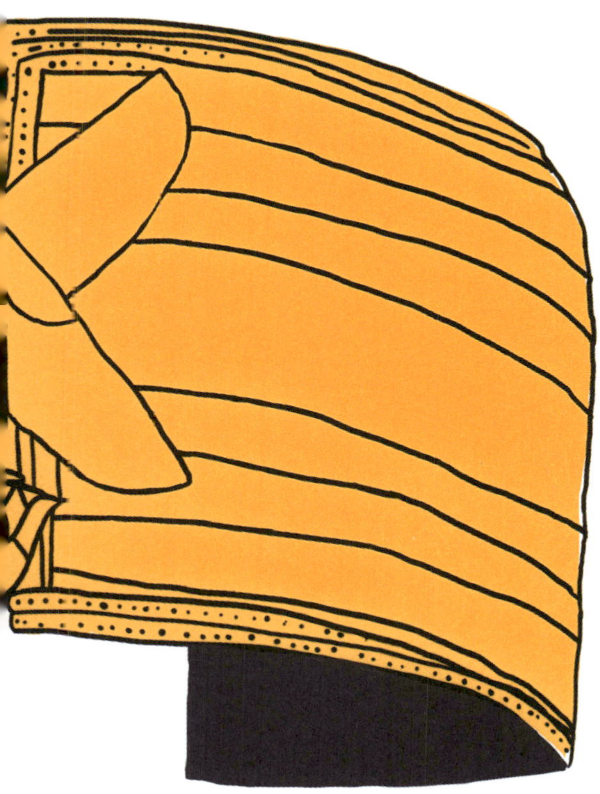

TERMINE
LES FRISES
DES BIJOUX
DE LA REINE.
AMANISHAKHÉTO
était une reine,
ou candace, au fort
caractère. Cette
guerrière mettait
ses bijoux pour
combattre les
légions romaines.

COLORIE

LA COIFFE DE NÉFERTITI ET SON COLLIER EN BLEU ET VERT.
Néfertiti était la grande épouse royale du pharaon Akhenaton.
Son nom signifie « la belle est venue ». Sa beauté est légendaire.

Néfertiti, reine d'Égypte, 14e siècle av. J.-C.

COLORIE LE SCARABÉE DE CETTE BAGUE EN BLEU.
Les bijoux de l'Antiquité égyptienne représentent souvent un scarabée, symbole du soleil levant et d'immortalité. On les déposait aussi sur les momies.

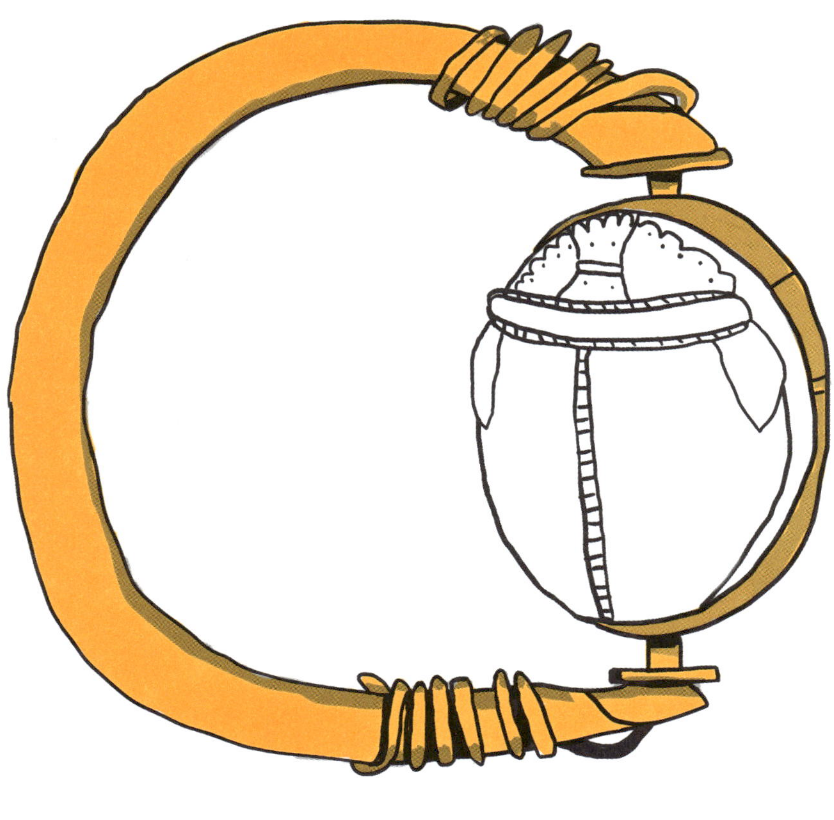

Toutânkhamon, pharaon égyptien, 14e siècle av. J.-C.

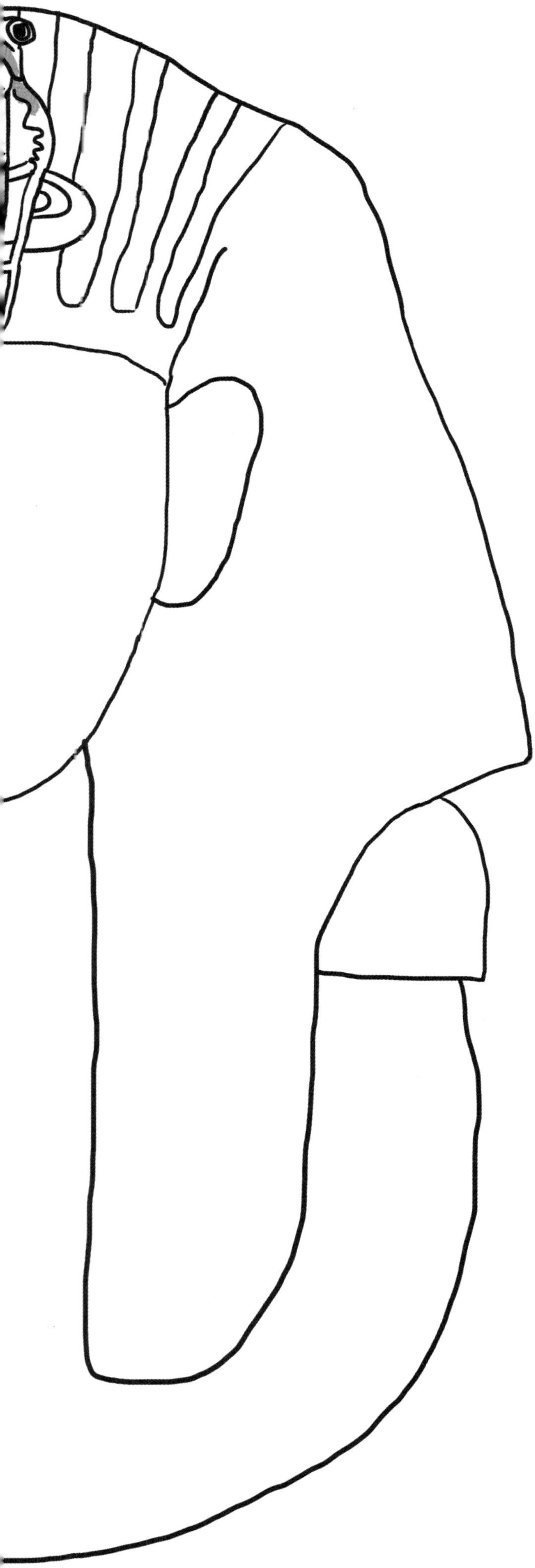

TERMINE
LE MASQUE FUNÉRAIRE
DE TOUTÂNKHAMON.

COMPLÈTE
LE DORÉ ET LE ROUGE,
ET RAJOUTE DU BLEU.

Le némès était la coiffe emblématique des pharaons. C'était une espèce de foulard en tissu de lin. Chaque pharaon avait sa façon de le plier.

TERMINE
LE BIJOU
DU PHARAON.
RAJOUTE
DU BLEU.
Le cercueil
de Toutânkhamon
est en or massif.
143 bijoux
étaient enfouis
dans les bandelettes
de sa momie.

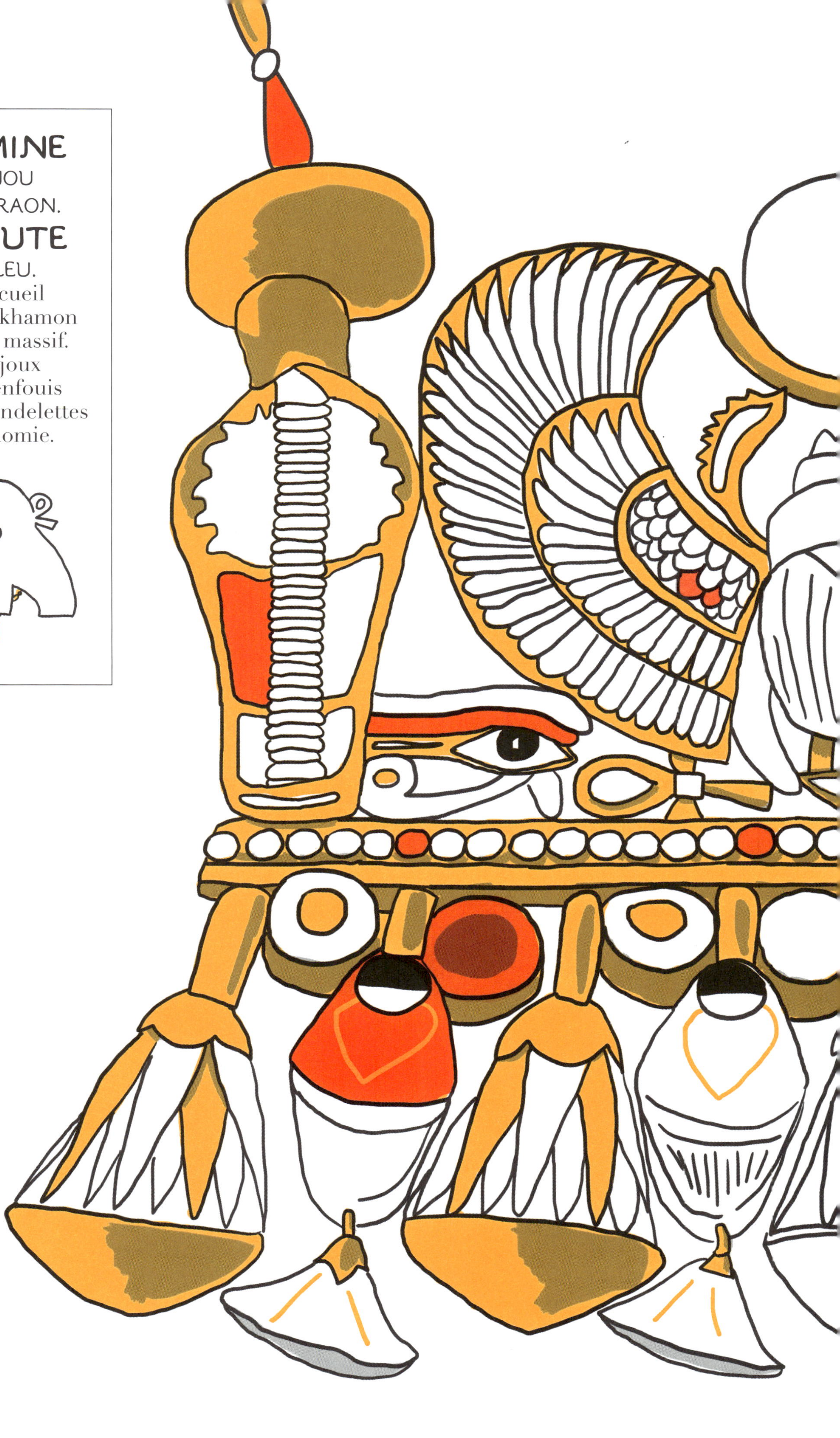

Les couronnes des divinités et des pharaons avaient une force magique.
Celui qui s'en emparait encourait de graves dangers.

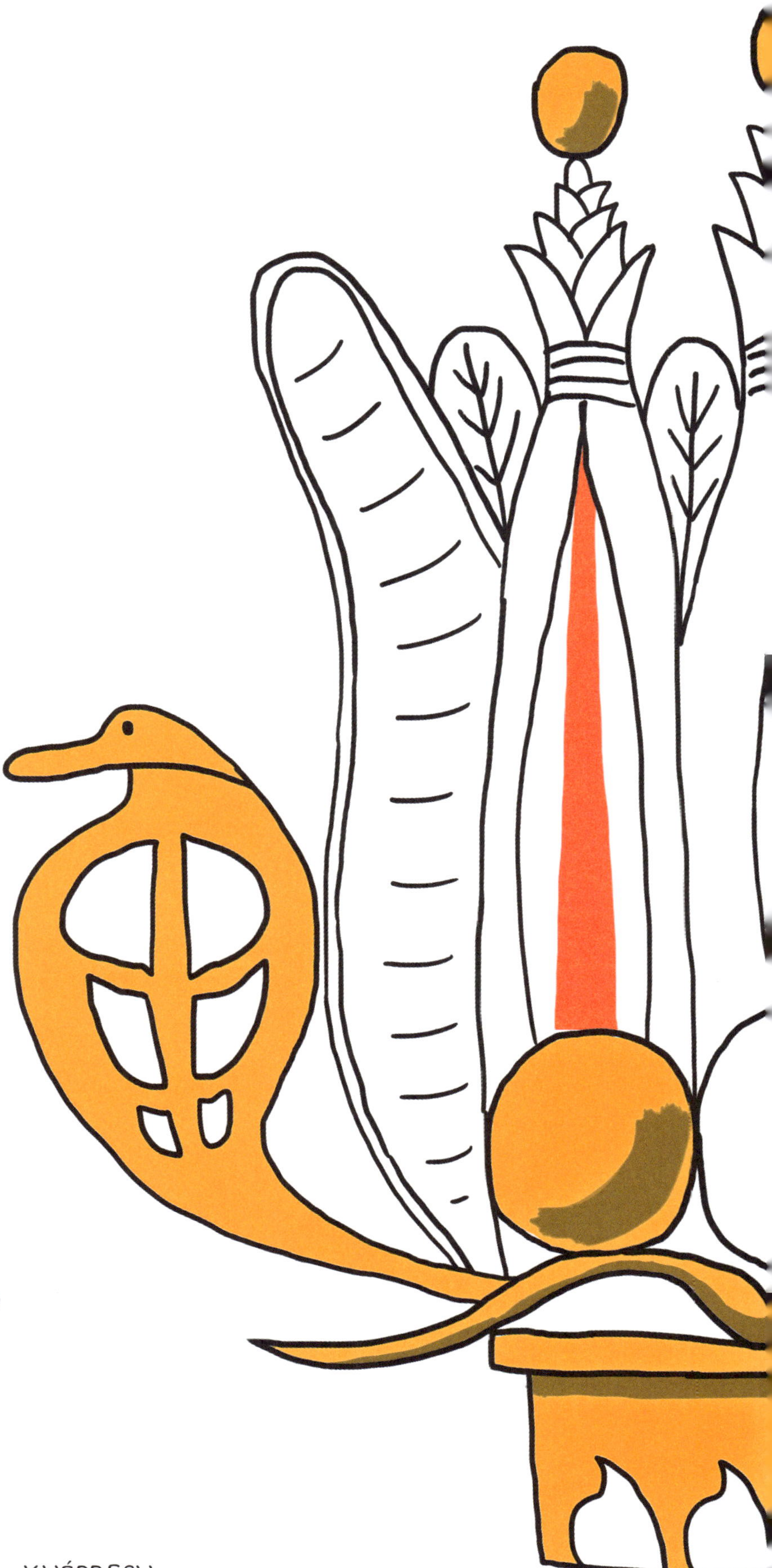

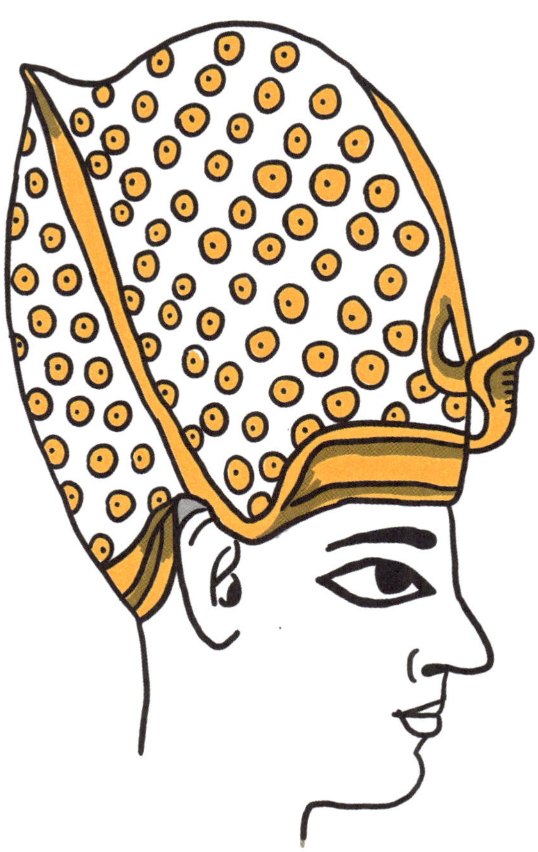

KHÉPRESH :
couronne de victoire appartenant au pharaon.

COLORIE-LA
EN BLEU.

HEMHEM :
réservée aux rois défunts pour attester la victoire des forces de la vie.

TERMINE

CETTE COURONNE, COMPLÈTE LE DORÉ ET RAJOUTE DU BLEU.

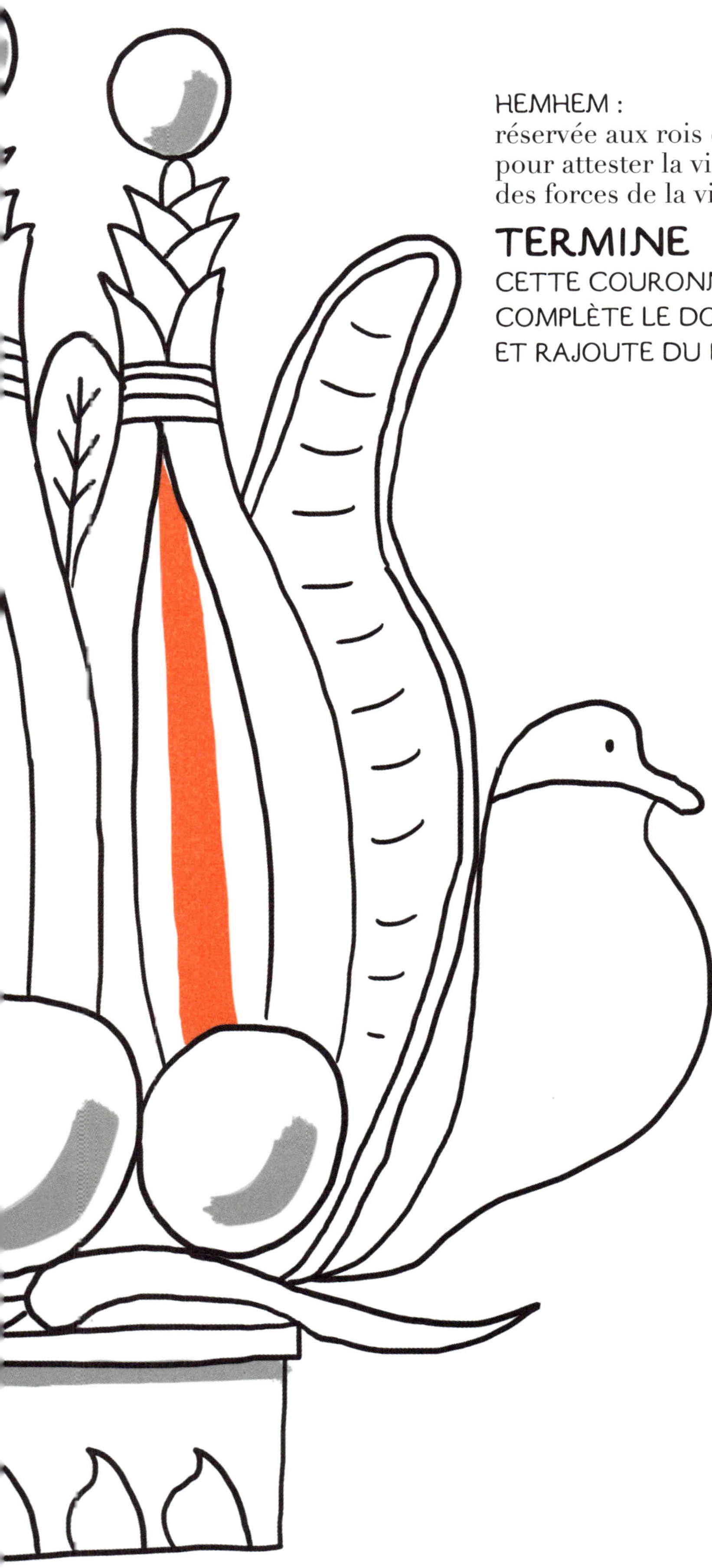

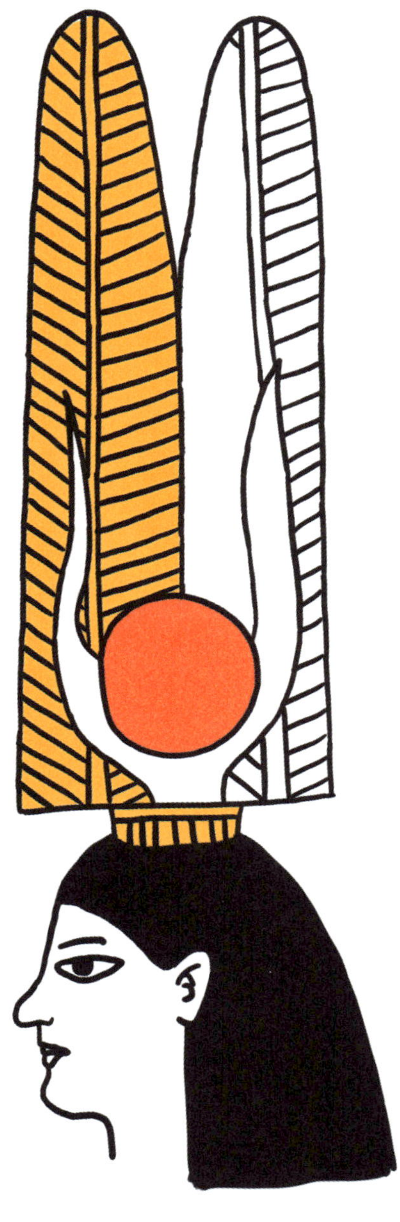

TJÈNI :
portée par Tateten, un des premiers dieux égyptiens.

COMPLÈTE ETCOLORIE

LA PLUME DE DROITE.

DESSINE

DES TÊTES D'ANIMAUX
SUR LES BOUCLIERS.

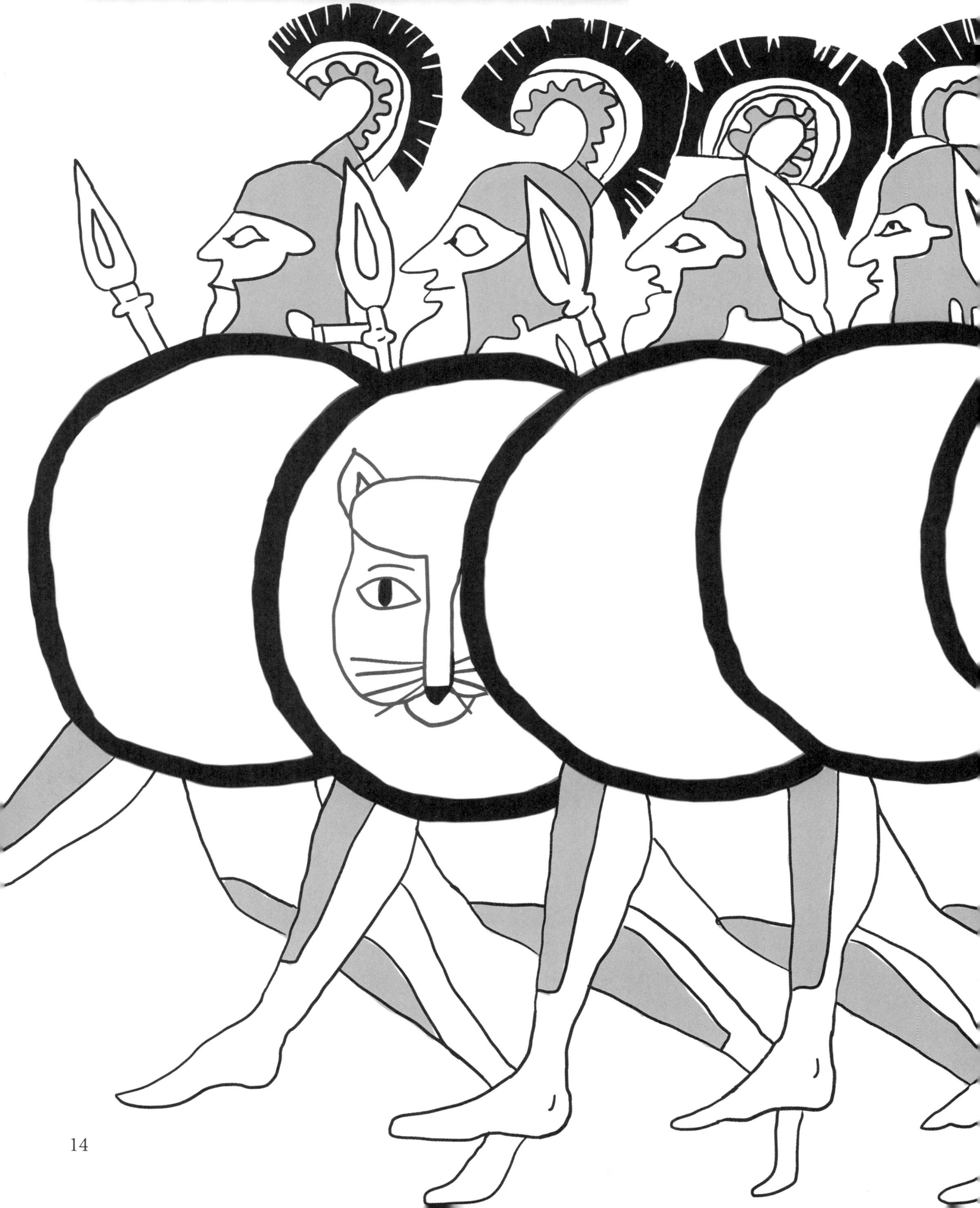

Les soldats grecs ne chargeaient jamais à plus de 200 m de l'ennemi. Leur équipement était très lourd et la course ne pouvait pas durer plus de deux minutes.

En Mésopotamie,
le roi portait
le kaunakès,
comme les autres
hommes.
C'est un pagne fait
de longues mèches
en laine de chèvre
ou de mouton.

CONTINUE
LE PAGNE
EN SUIVANT
L'EXEMPLE.

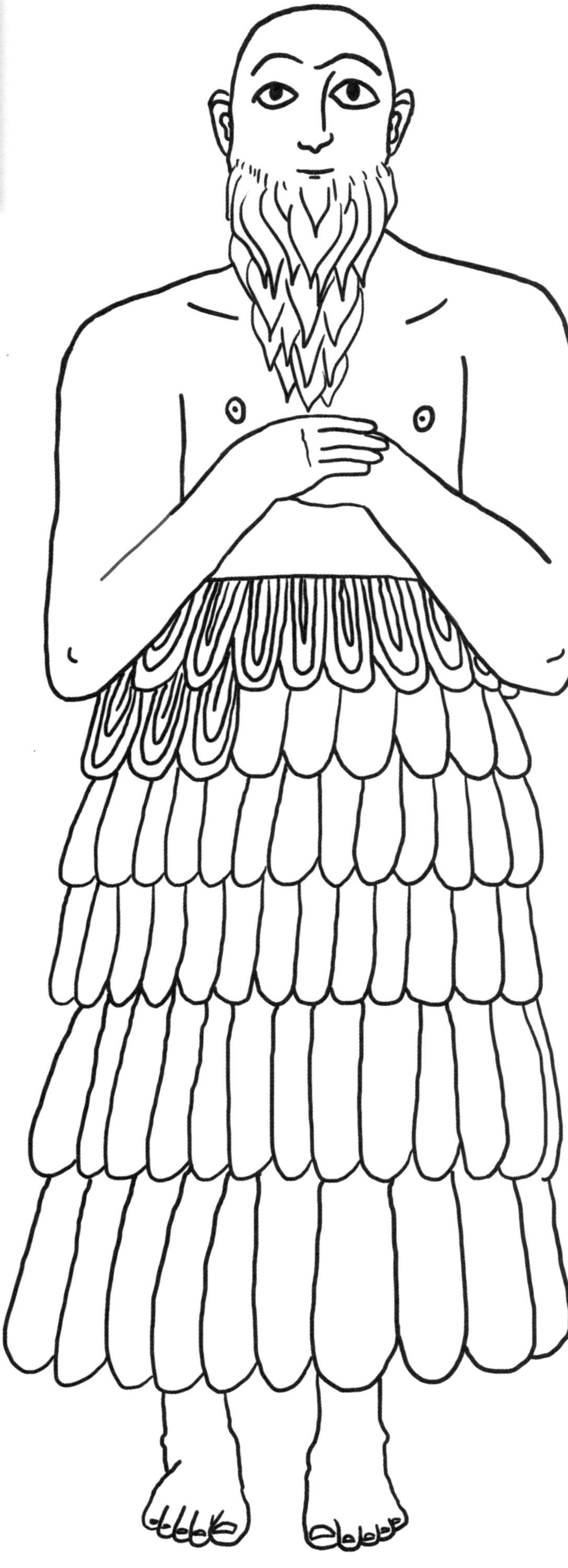

Ebih-Il, intendant de Mari en Syrie, vers 2400 av. J.-C.

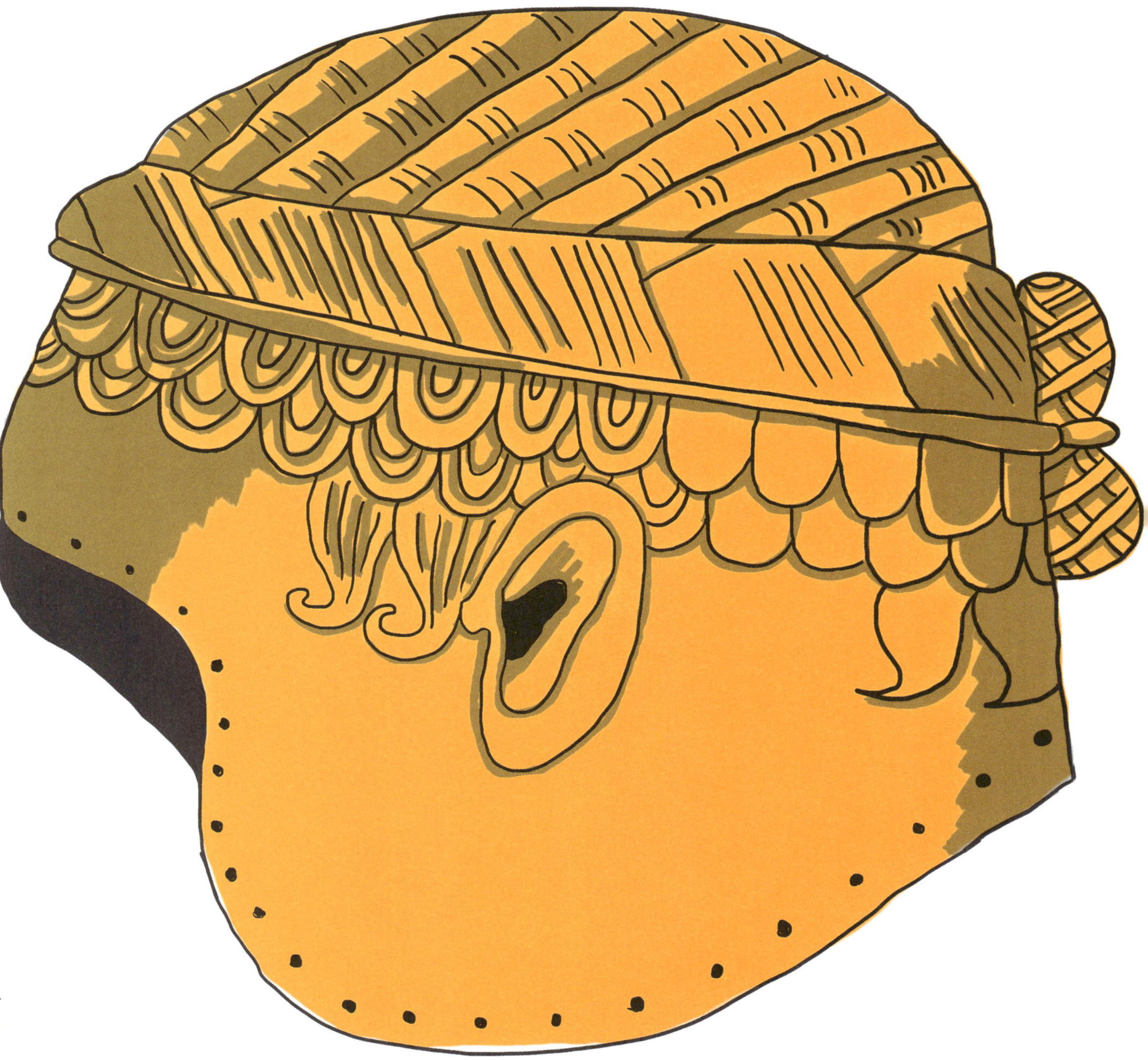

Mes-Kalam-Dug, roi d'Uruk, 2600-2550 av. J-C.

CONTINUE

LES MÈCHES DE CHEVEUX.

Les orfèvres maîtrisaient parfaitement le travail de l'or.
Ce casque ciselé appartenait au roi sumérien Mes-Kalam-Dug.
Il le mettait pendant ses campagnes militaires.

DÉCORE

L'HABIT ET
LE CARQUOIS
DE L'ARCHER
AVEC
LES DIFFÉRENTS
MOTIFS.

Une frise de 10 000 archers ornait le mur du palais du roi Darius 1er. Peut-être représentaient-ils des « Immortels », sa garde d'élite ?

Darius 1er, roi de Perse, 550 - 486 av. J.-C.

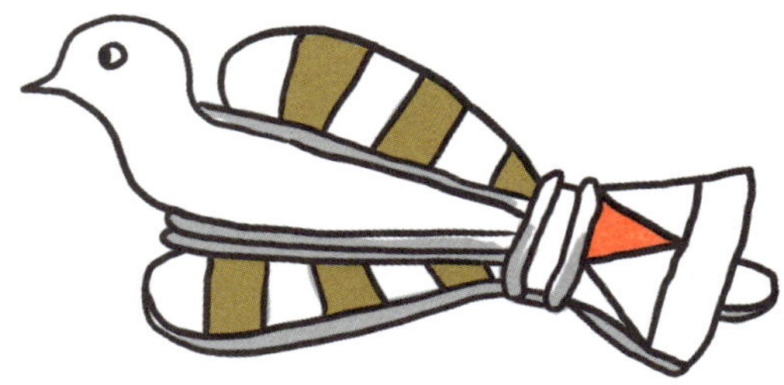

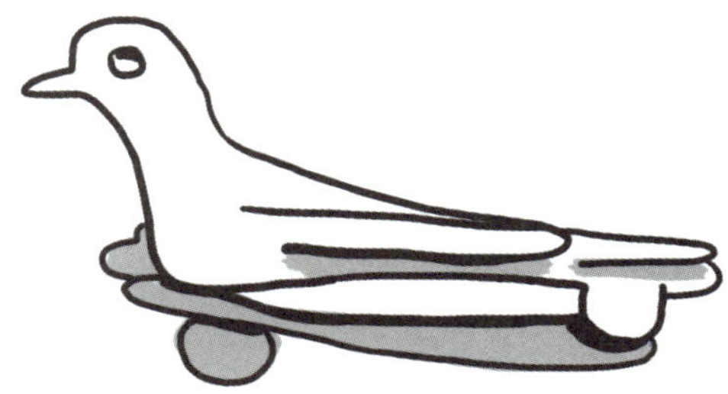

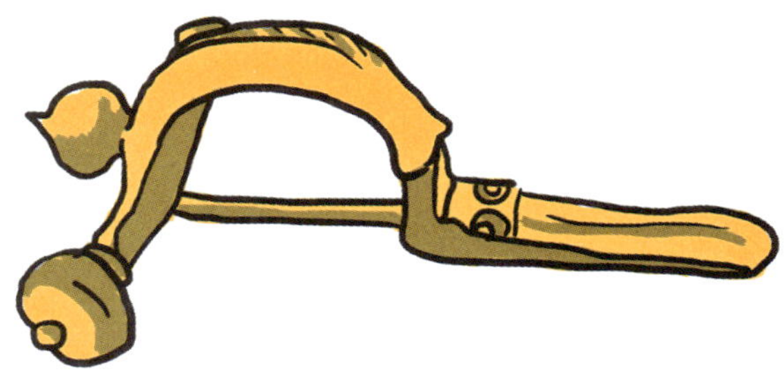

Les vêtements grecs
étaient tous faits de
la même façon :
un rectangle de tissu
maintenu aux épaules
par des nœuds,
des lacets ou des fibules.
Celles-ci ont des formes
différentes : animal, lyre...

DESSINE
DES FIBULES
QUI AURAIENT
LA FORME DE
TES ANIMAUX
PRÉFÉRÉS.

TERMINE
CES MOTIFS ET
COMPLÈTE
CEUX DE LA ROBE
DE CETTE
MUSICIENNE.
Les teintes
et les dimensions
des motifs des
vêtements grecs
traduisaient le rang
social et la richesse
du porteur.
La vague, arrondie
ou stylisée,
était l'ornement
le plus commun.

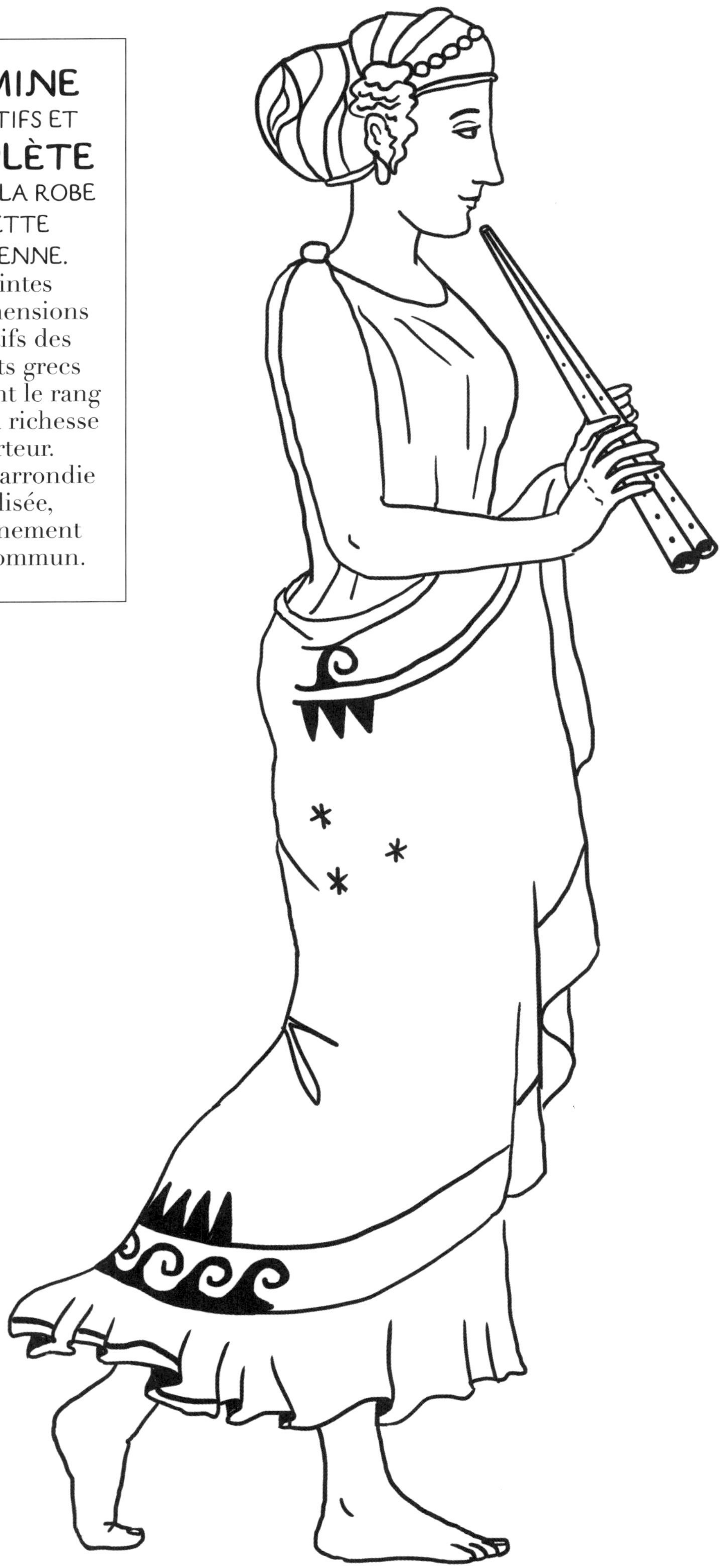

CE N'ÉTAIT PAS FACILE DE METTRE UNE TOGE !

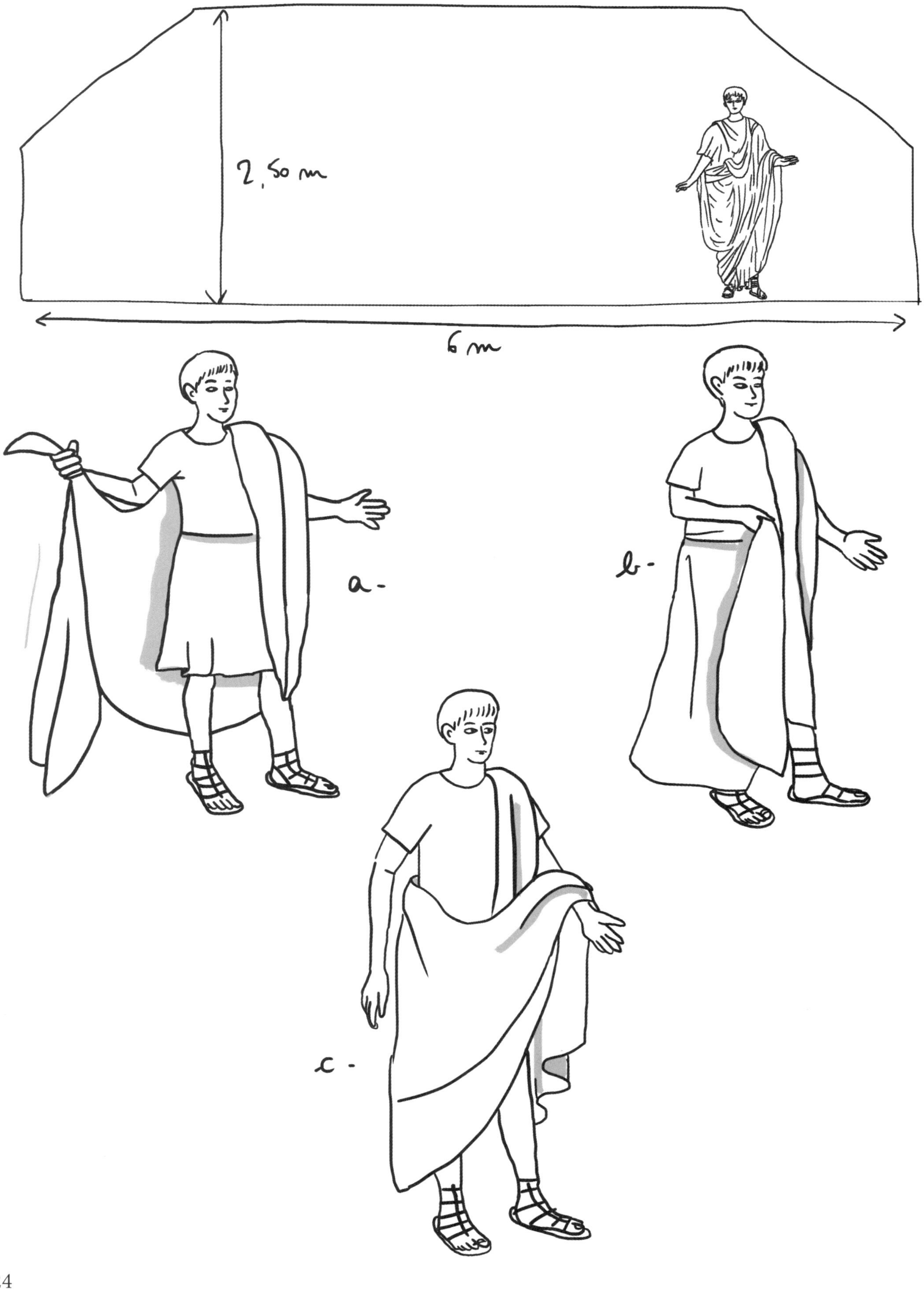

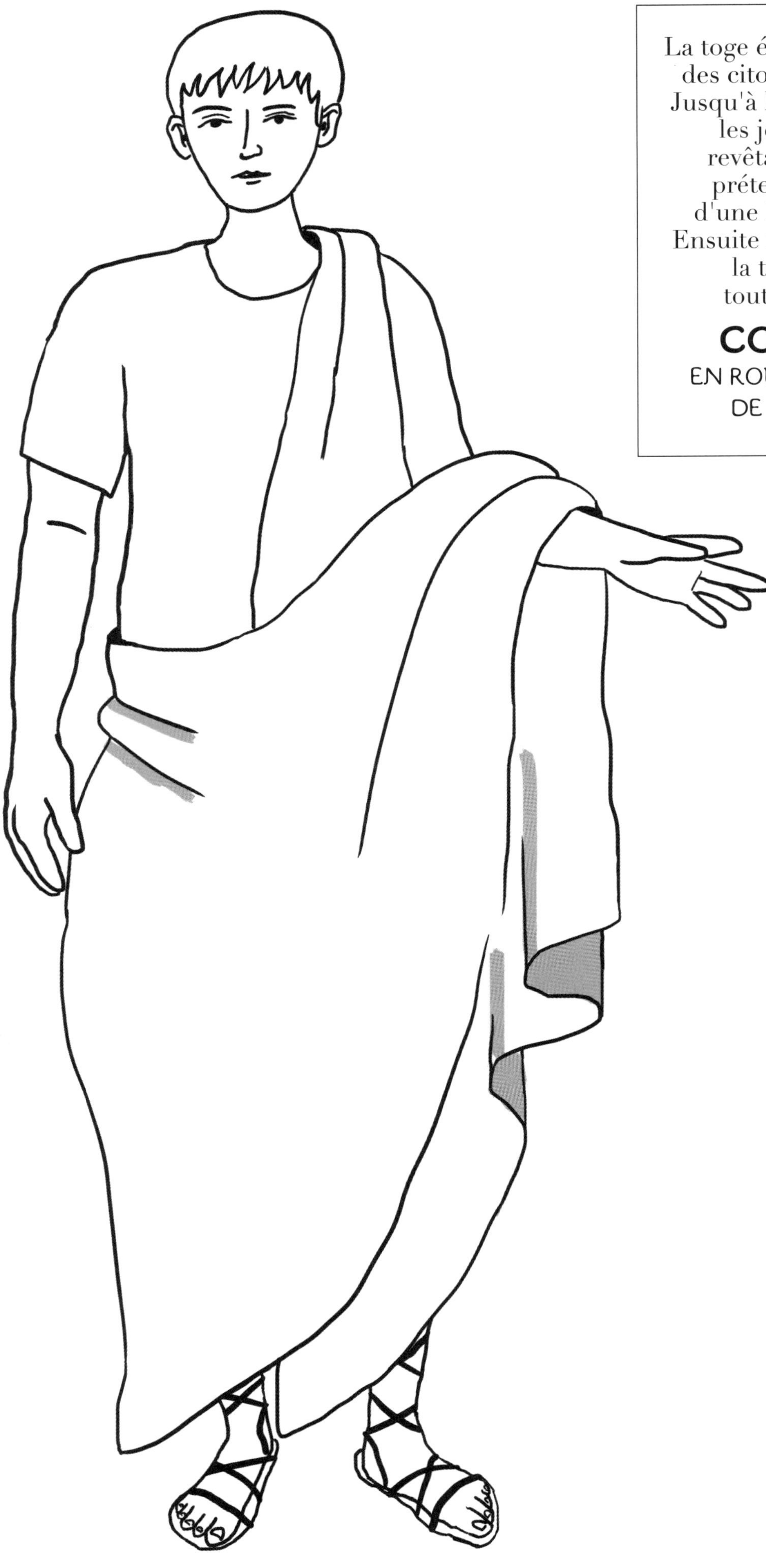

La toge était le vêtement des citoyens romains. Jusqu'à l'âge de 17 ans, les jeunes gens revêtaient la toge prétexte, bordée d'une bande rouge. Ensuite ils «prenaient » la toge virile, toute blanche.

COLORIE

EN ROUGE LE BORD DE LA TOGE.

La couronne de lauriers récompensait
les grands généraux romains pour leurs victoires.
On dit que César l'appréciait particulièrement
car elle cachait sa calvitie !

IMAGINE

LES FEUILLES, LES FLEURS
ET LES FRUITS DE TA COURONNE.

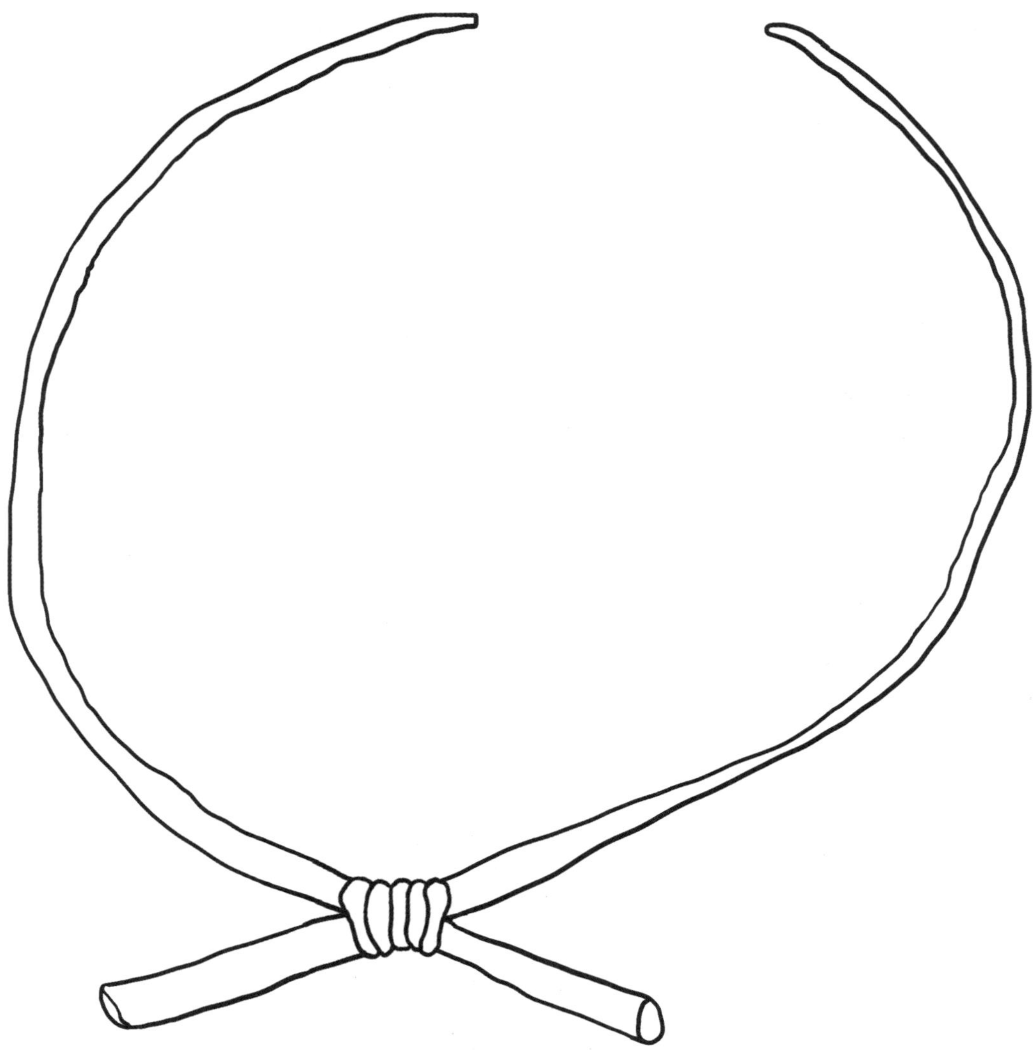

Le nœud d'Héraclès
était un symbole de force,
de puissance et d'amour.

COMPLÈTE-LE.

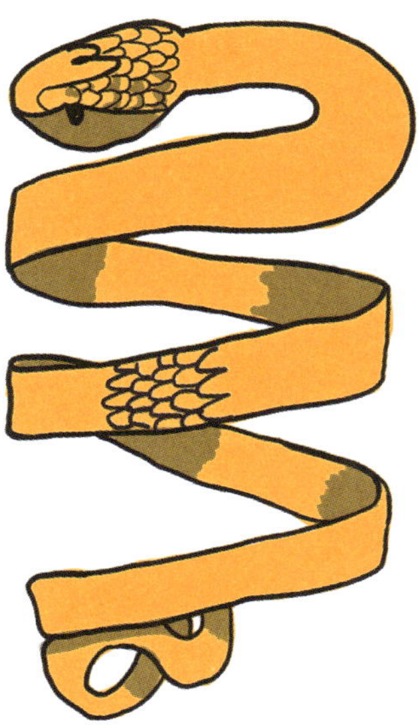

Le serpent
était un symbole de fécondité
et d'immortalité.

DESSINE SES ÉCAILLES.

REPRODUIS
LA SECONDE
BOUCLE D'OREILLE.

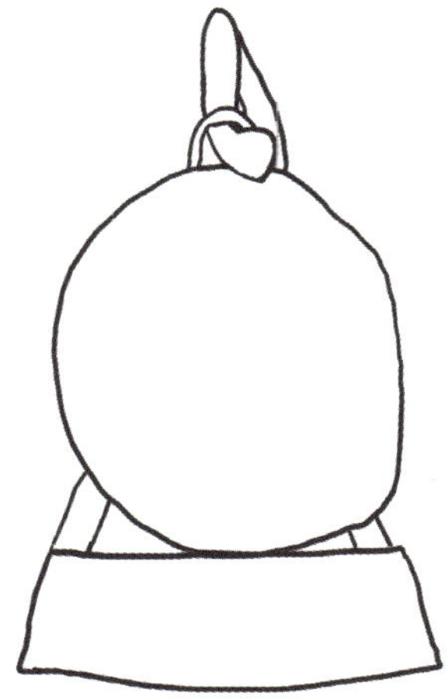

CRÉE
TON CAMÉE.
Le camée
est une pierre
fine gravée
en relief.

Certains Romains
avaient un train de vie
très luxueux.

La Gorgone Méduse,
une créature fantastique
malfaisante, protégeait
du mauvais sort.

CHOISIS LA COULEUR DE SES CHEVEUX.

Les femmes de l'aristocratie romaine lançaient la coiffure à la mode. Elles étaient aussitôt suivies par les autres femmes.

Sous le règne d'Auguste, la frange très volumineuse était mise en arrière comme un gros rouleau de mise en pli. C'est la coiffure à nodus frontal.

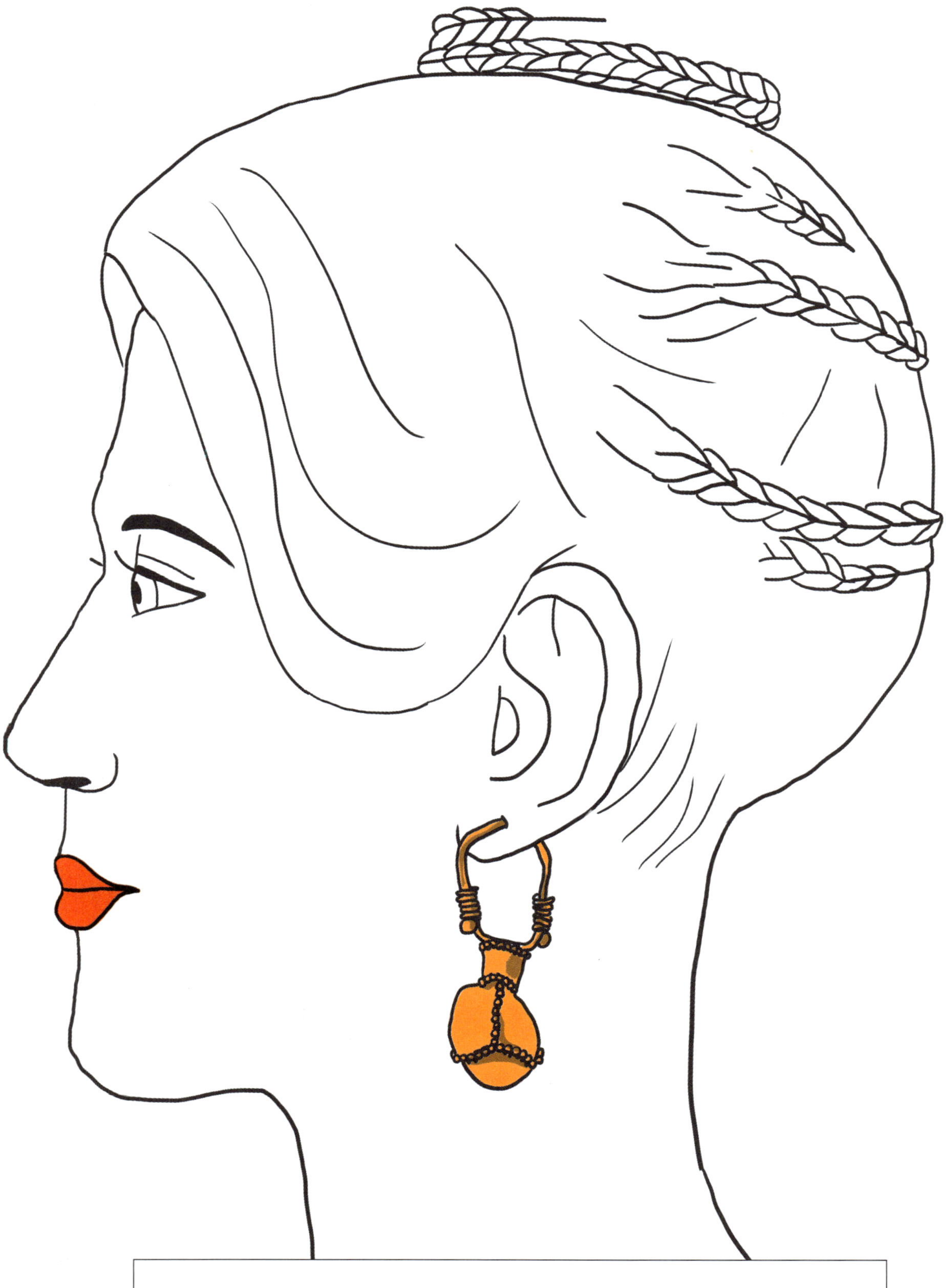

Faustine, impératrice romaine, 120-175 ap. J.-C.

DESSINE D'AUTRES TRESSES
ET **COMPLÈTE** LE CHIGNON DE L'IMPÉRATRICE.

L'impératrice Faustine la Jeune portait de fines tresses amenées sur le haut de la tête vers un chignon appelé tutulus.

COLORIE

LES PIERRES PRÉCIEUSES
DE CETTE COURONNE
EN ROUGE ET LE RESTE EN VERT.

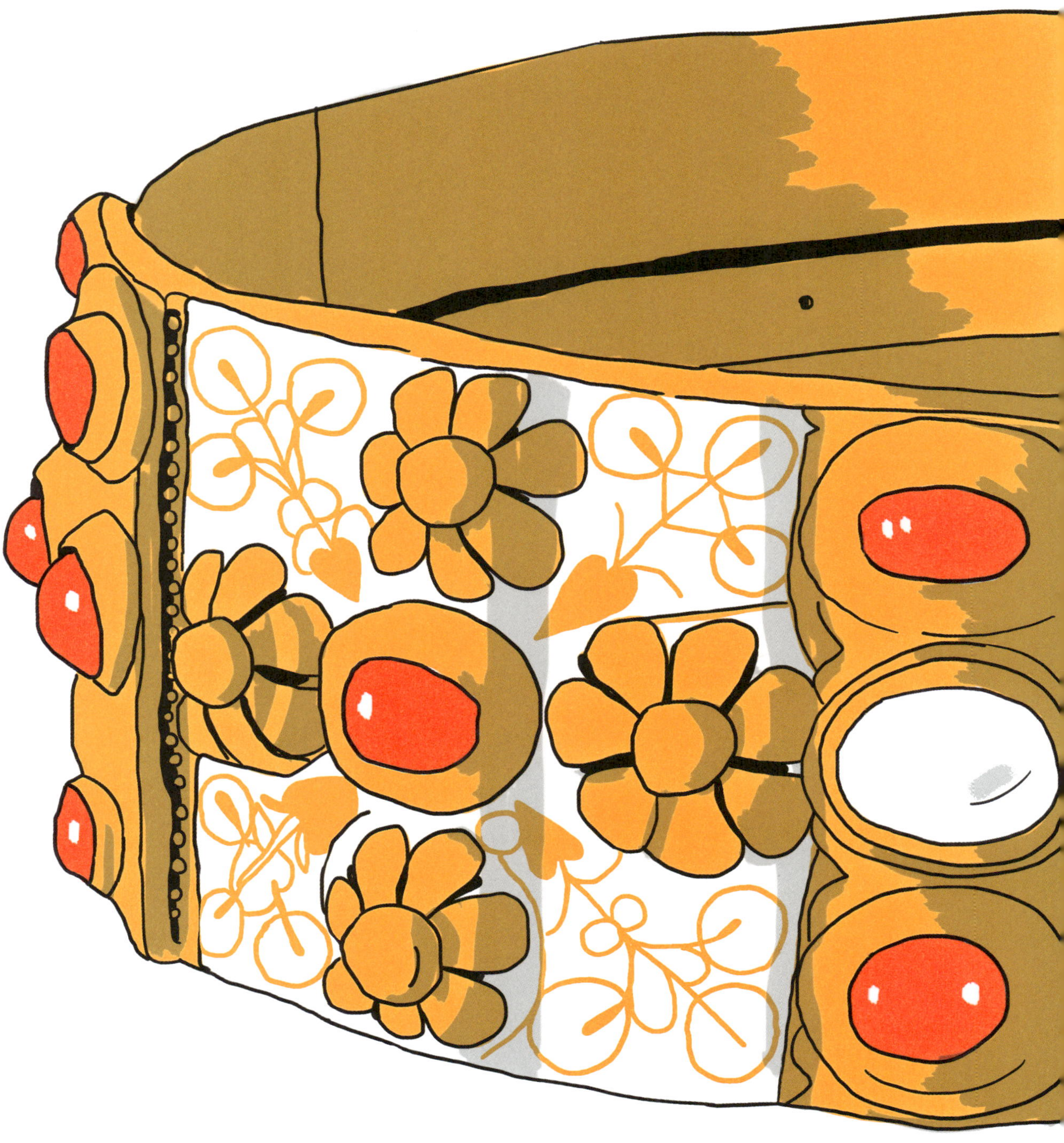

Conservée dans la cathédrale
de Monza en Lombardie,
la couronne de fer est l'un des plus anciens
insignes royaux d'Europe (6e siècle).
C'est aussi une relique : elle tient son
nom du cercle de métal qu'elle contient
et qui aurait été forgé à partir d'un clou
utilisé pour la crucifixion du Christ.

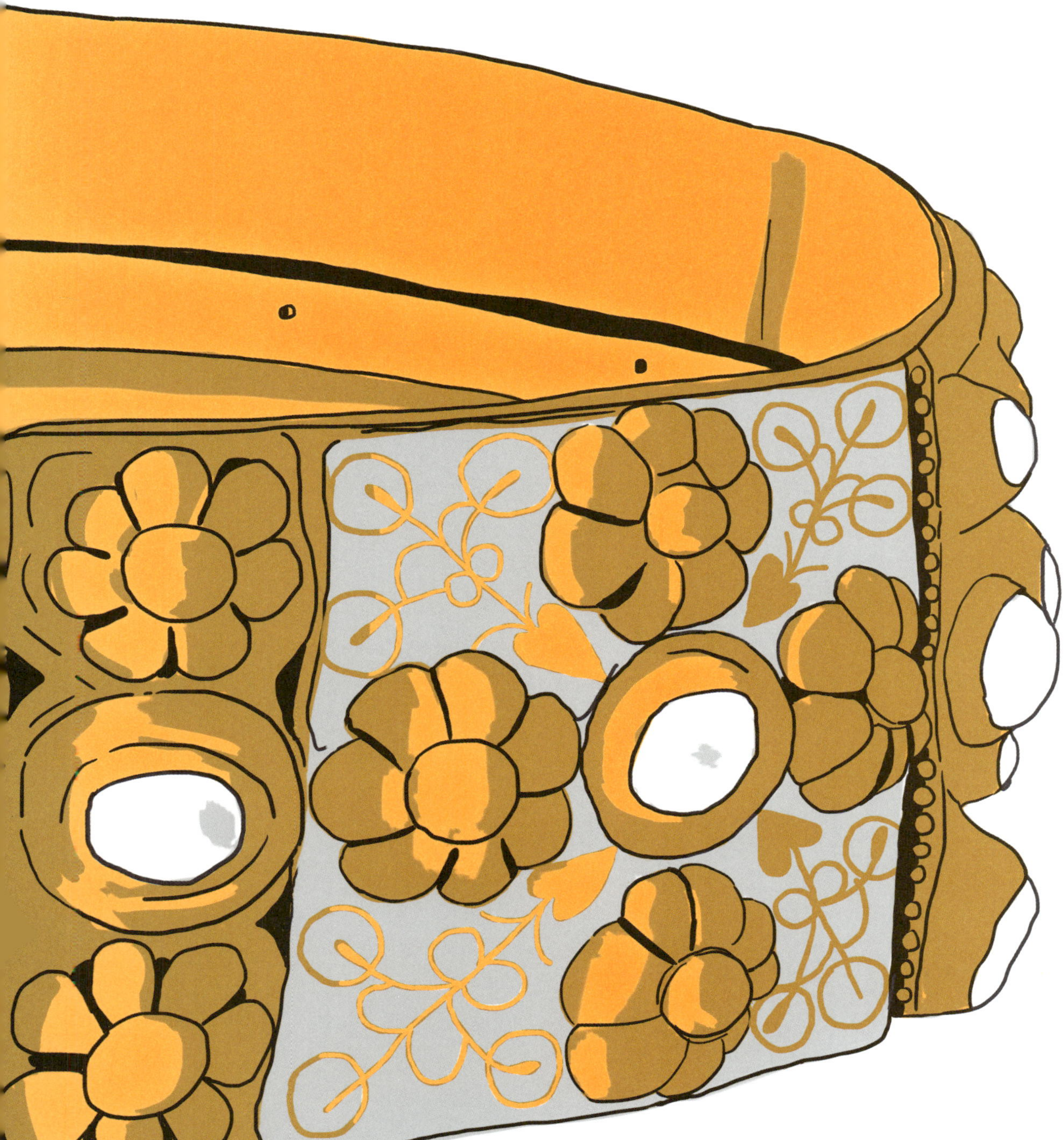

Philippe II, roi de Macédoine, 382 – 336 av. J.-C.

COMPLÈTE
CETTE COURONNE
AVEC DES FEUILLES
DE CHÊNE ET
DES GLANDS ET
COLORIE-LA
EN DORÉ.

Dans l'urne funéraire de Philippe II se trouvaient les ossements du défunt et une magnifique couronne de feuilles de chêne et de glands en or.

TERMINE

CETTE MOSAÏQUE ET COLORIE-LA EN MARRON, VERT ET DORÉ.

L'impératrice Théodora fut l'un des premiers souverains de l'empire byzantin à reconnaître les droits des femmes. Sa tiare est ornée de perles qui tombent de part et d'autre de son visage.

Théodora, impératrice de l'empire byzantin, 6e siècle ap. J.-C.

COLORIE

CETTE COLLERETTE.

Les princesses byzantines revêtaient un maniakis, une large collerette tissée de fils d'or et ornée de pierres fines et de perles.

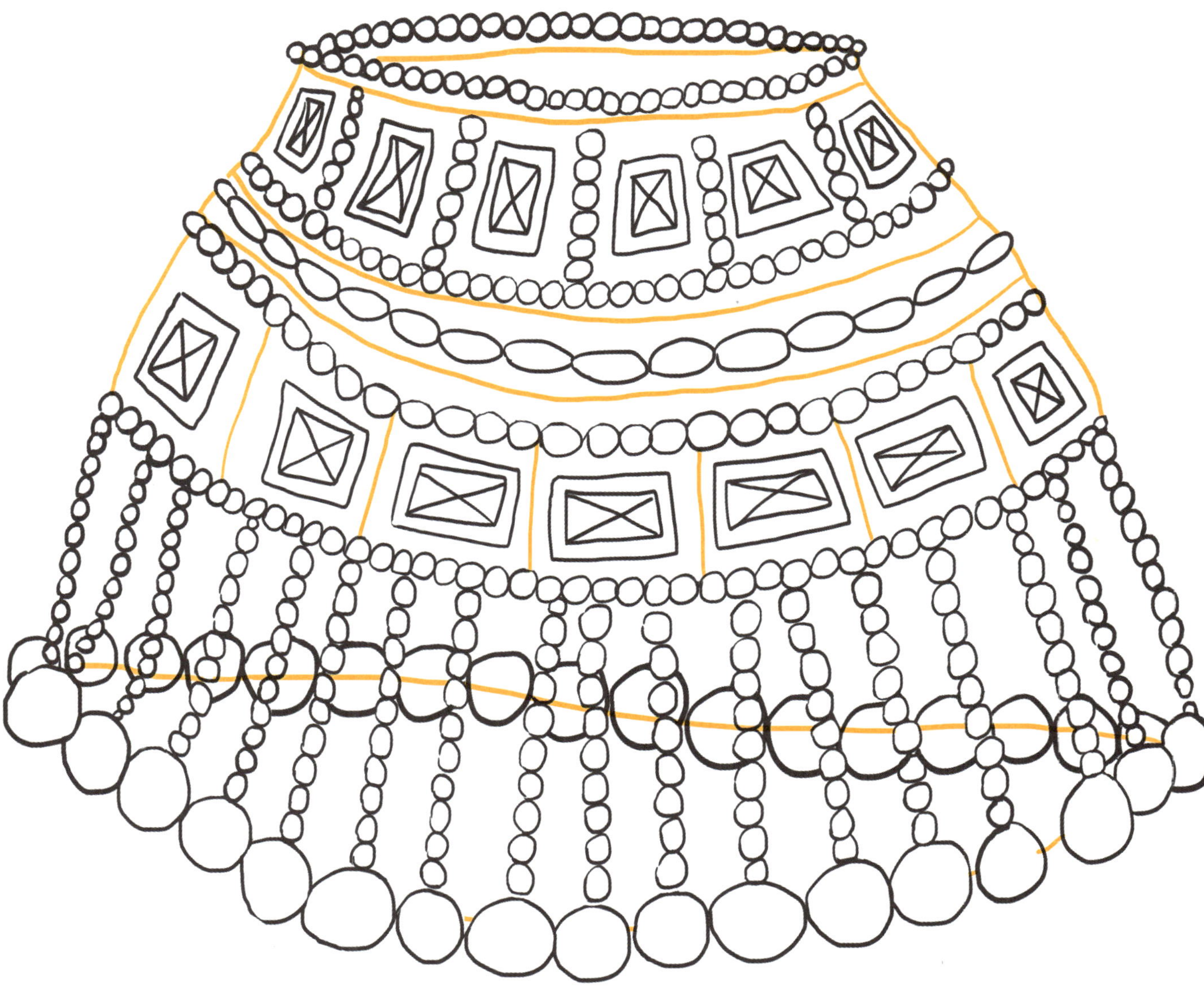

CRÉE
UNE
COLLERETTE
SUR UN DE TES
VÊTEMENTS.

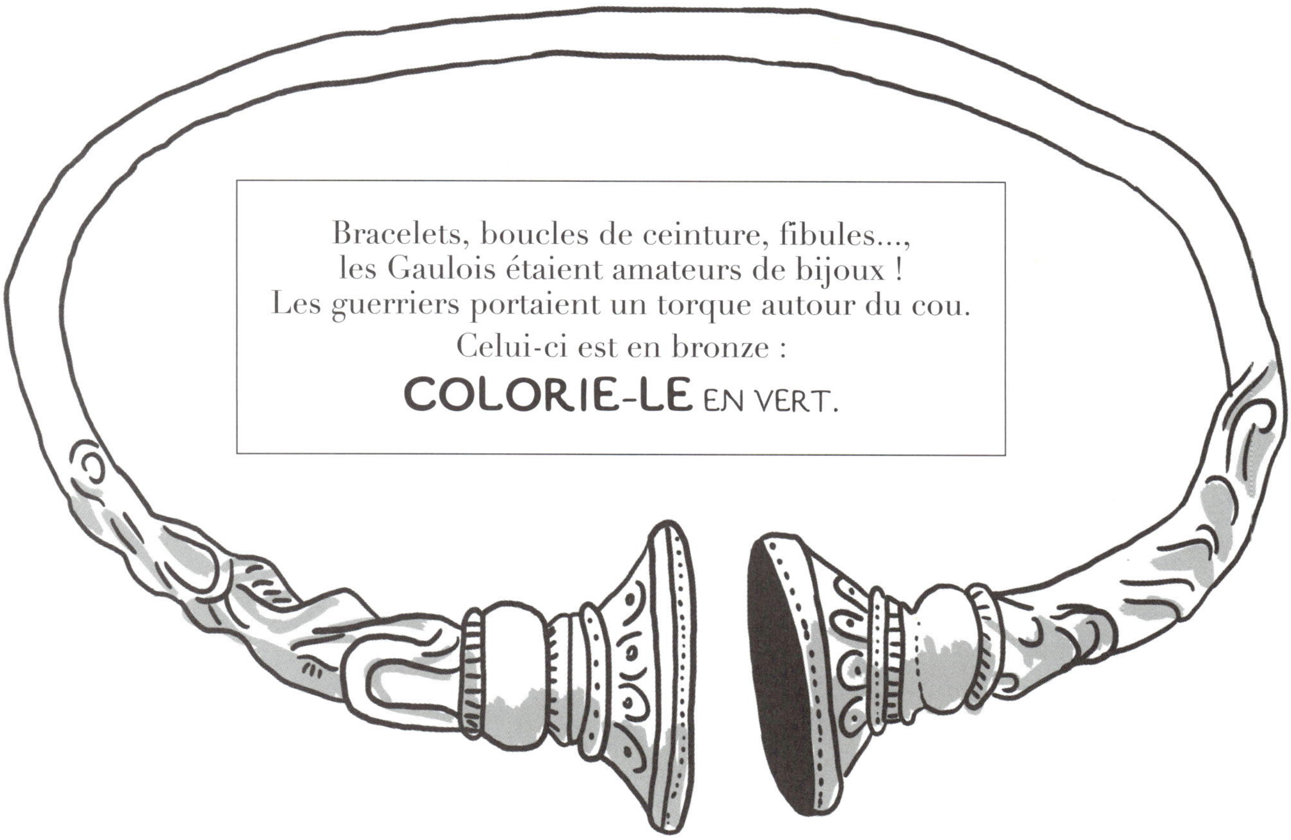

Bracelets, boucles de ceinture, fibules…,
les Gaulois étaient amateurs de bijoux !
Les guerriers portaient un torque autour du cou.
Celui-ci est en bronze :

COLORIE-LE EN VERT.

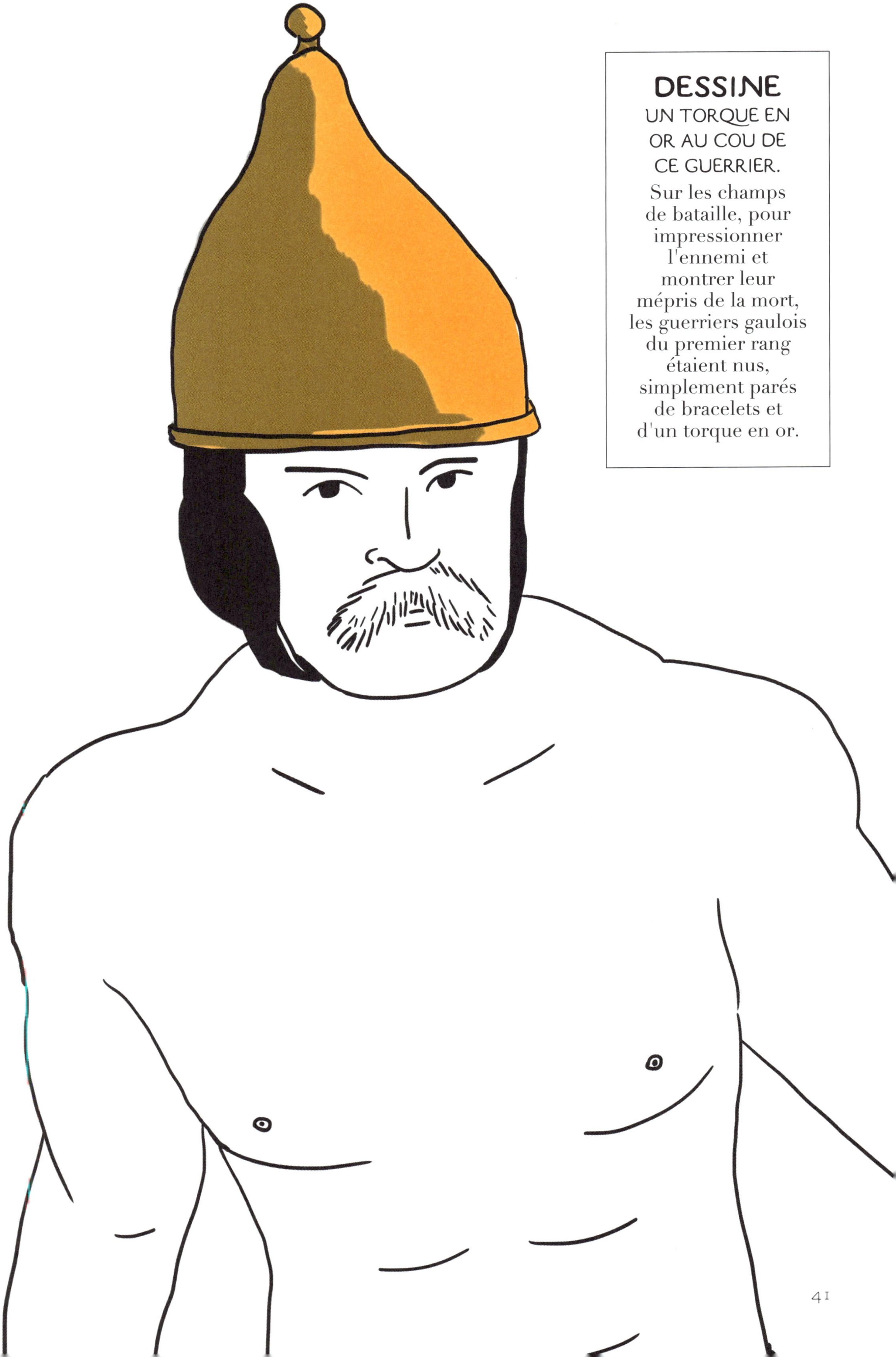

DESSINE
UN TORQUE EN OR AU COU DE CE GUERRIER.

Sur les champs de bataille, pour impressionner l'ennemi et montrer leur mépris de la mort, les guerriers gaulois du premier rang étaient nus, simplement parés de bracelets et d'un torque en or.

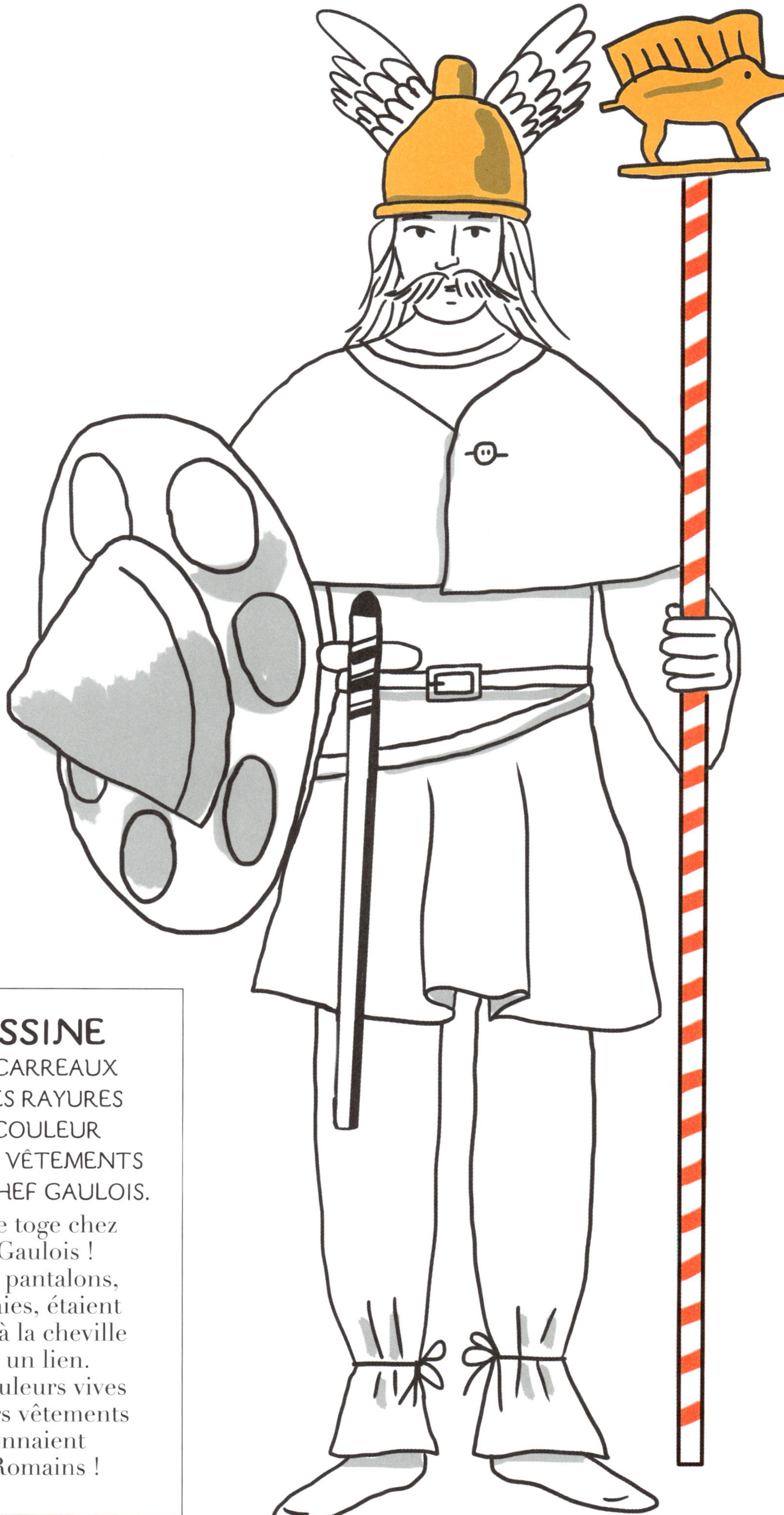

DESSINE
DES CARREAUX
OU DES RAYURES
EN COULEUR
SUR LES VÊTEMENTS
DE CE CHEF GAULOIS.

Pas de toge chez
les Gaulois !
Leurs pantalons,
ou braies, étaient
serrés à la cheville
par un lien.
Les couleurs vives
de leurs vêtements
étonnaient
les Romains !

Les braies étaient
larges, ou étroits
et collants.
Cela te rappelle
quelque chose ?

DESSINE

TA COLLECTION
DE JEANS.

LA FRANCE,
DEPUIS LONGTEMPS
À LA POINTE
DE LA MODE

La tombe
d'Arégonde a été retrouvée intacte.
Elle a permis de connaître l'habillement
d'une riche dame mérovingienne.

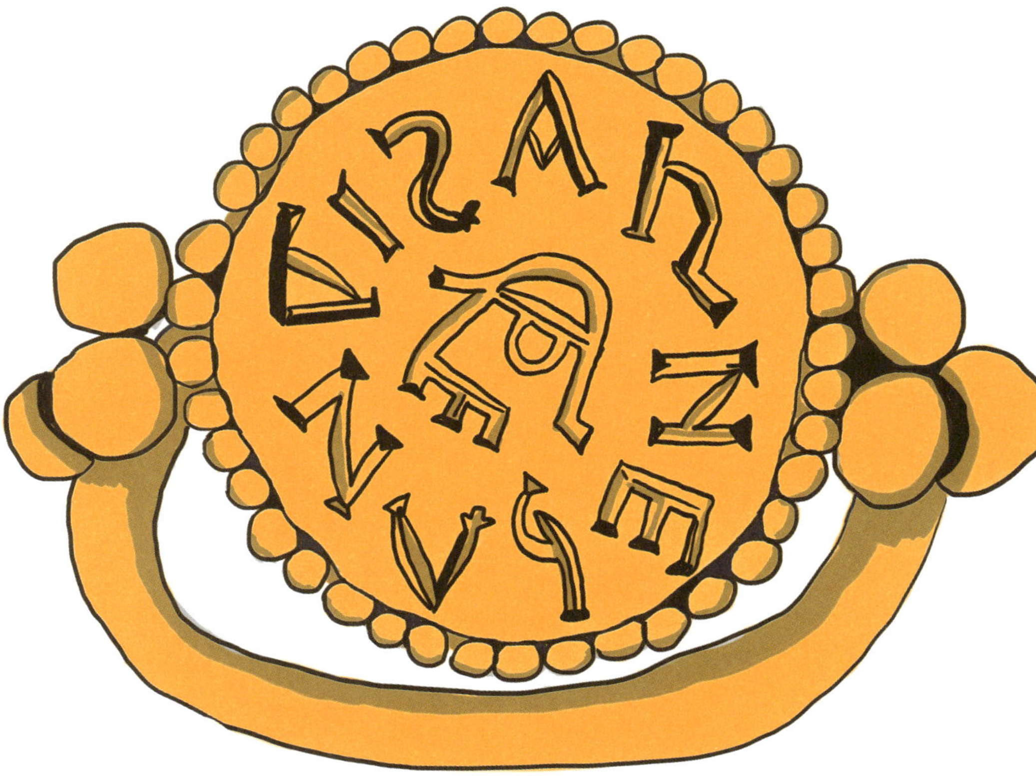

ÉCRIS

LE PRÉNOM ARNÉGONDIS EN REPRODUISANT
LES LETTRES TELLES QU'ELLES SONT GRAVÉES
SUR LA CHEVALIÈRE TROUVÉE AU POUCE DE LA REINE.

_ _ _ _ _ _ _ _ _ _ _ _ _ _ _ _ _

COLORIE

LA PLAQUE
DE SA CEINTURE,
ET SA ROBE EN SOIE
VIOLETTE.

COLORIE
LE BLASON DE
BLANCHE DE NAVARRE.

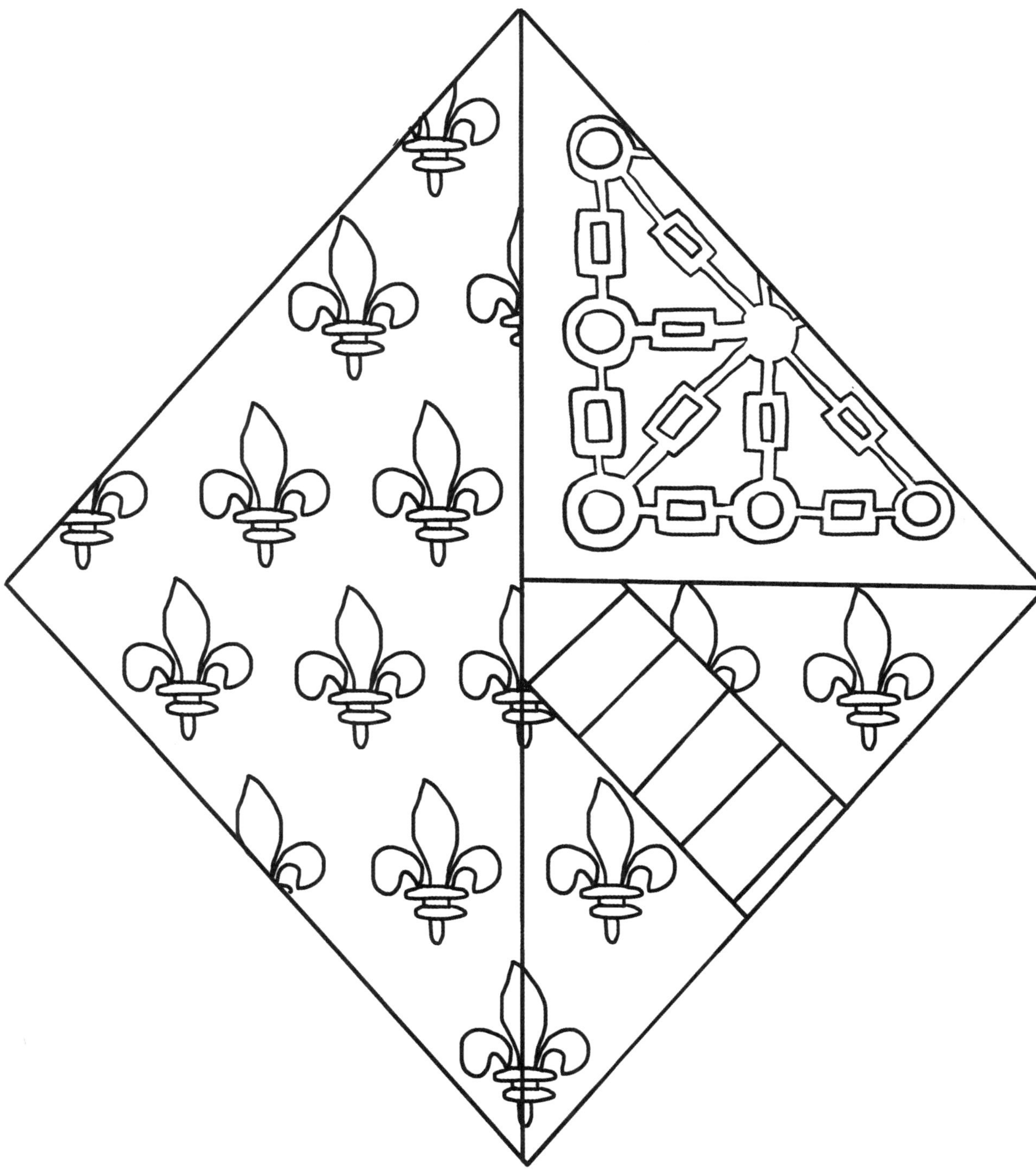

Blanche de Navarre, reine de France, 1333-1398

Ce texte d'époque décrit ce blason. Aujourd'hui, il paraît bien compliqué !

Parti, en 1 de France, qui est d'azur aux trois fleurs de lys d'or et en 2 coupé de Navarre, qui est de gueules aux chaînes d'or posées en orle, en croix et en sautoir, chargées en cœur d'une émeraude au nature et d'Évreux qui est d'azur semé de fleurs de lys d'or à la bande componée d'argent et de gueules

CRÉE TES ARMOIRIES
ET CELLES DE TES AMIS
ET **DÉCRIS-LES...**
À TA FAÇON.

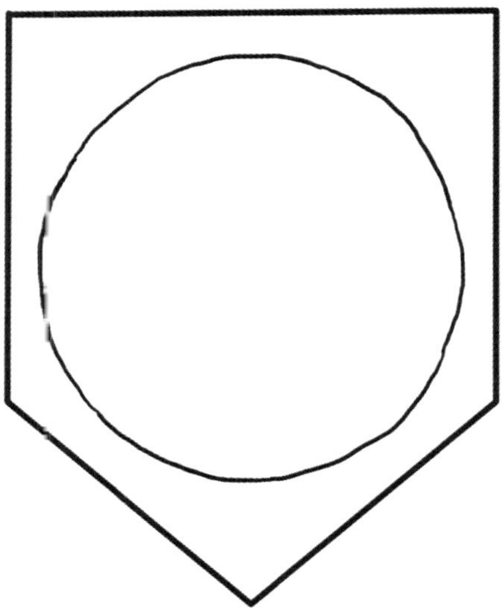
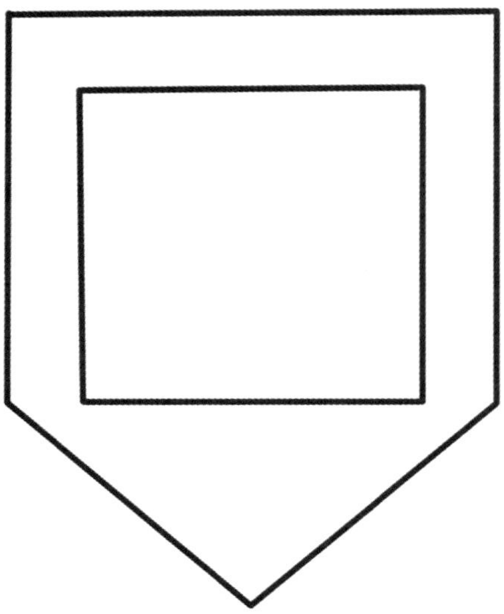
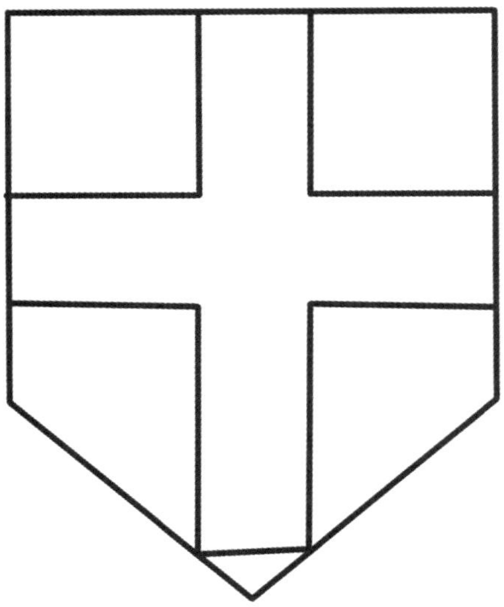

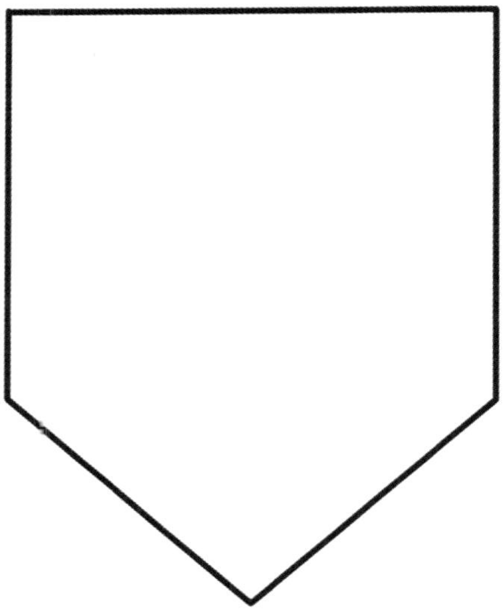
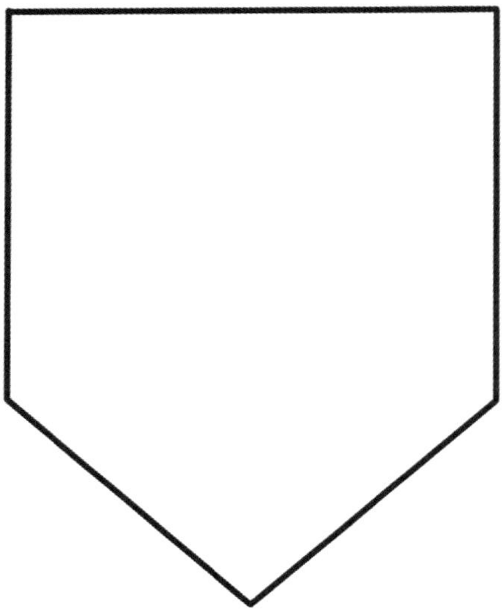
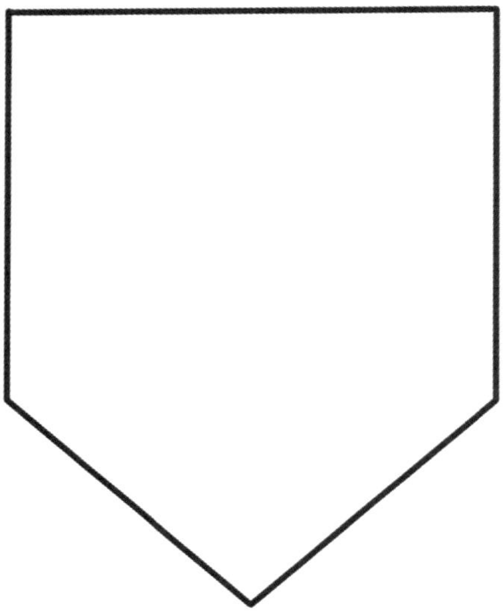

La poulaine était portée aussi bien par les femmes que par les hommes du Moyen Âge. Plus celui qui la chaussait appartenait à une classe sociale élevée, plus elle était longue.

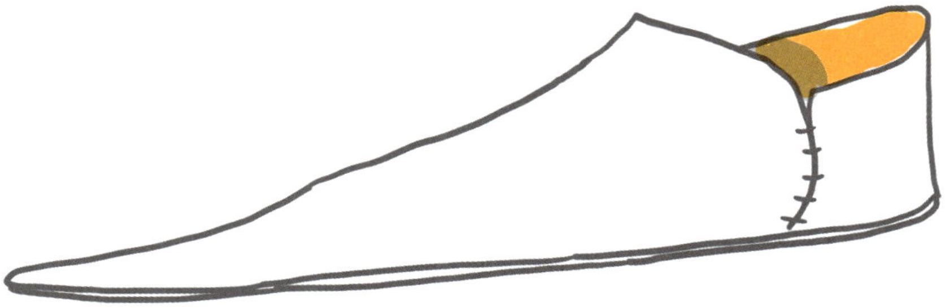

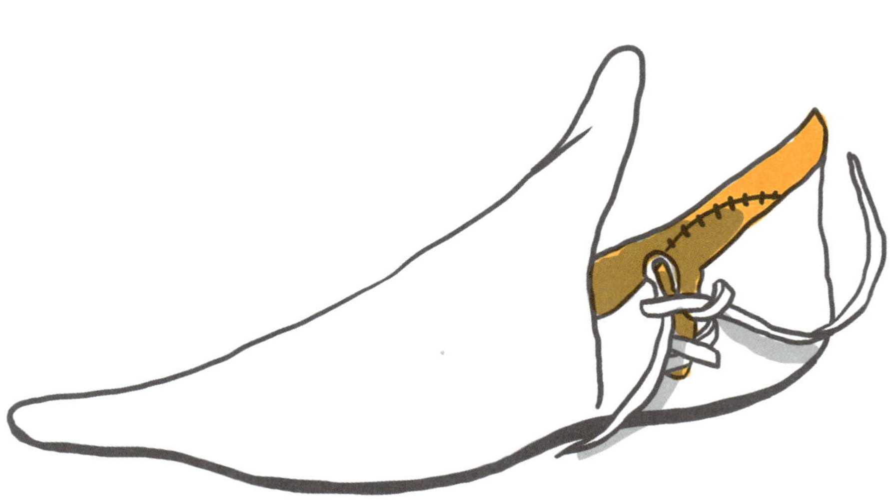

DESSINE
LE CONTOUR
DE TON PIED.
MULTIPLIE
SA LONGUEUR
PAR DEUX FOIS
ET DEMIE,
TU OBTIENDRAS
LA TAILLE DE
TA POULAINE
SI TU ÉTAIS
REINE OU ROI.

COMPLÈTE
LES TENUES
DE CES FEMMES.

Au Moyen Âge le hennin était très répandu. Cette coiffe féminine pouvait atteindre un mètre de haut. Les cheveux étaient tirés en arrière, et ceux qui dépassaient étaient épilés.

Les hommes de la Renaissance montraient leurs jambes.
Ils portaient des collants, les chausses.
Chaque jambe avait une couleur ou un motif différent.

COLORIE LES CHAUSSES.

Les poches
n'existaient pas.
Ce petit sac, appelé
aumônière,
était accroché
à la ceinture
et contenait l'argent
destiné aux pauvres.

DESSINE
LES PIÈCES
QUI SE SONT
ÉCHAPPÉES
DE L'AUMÔNIÈRE.

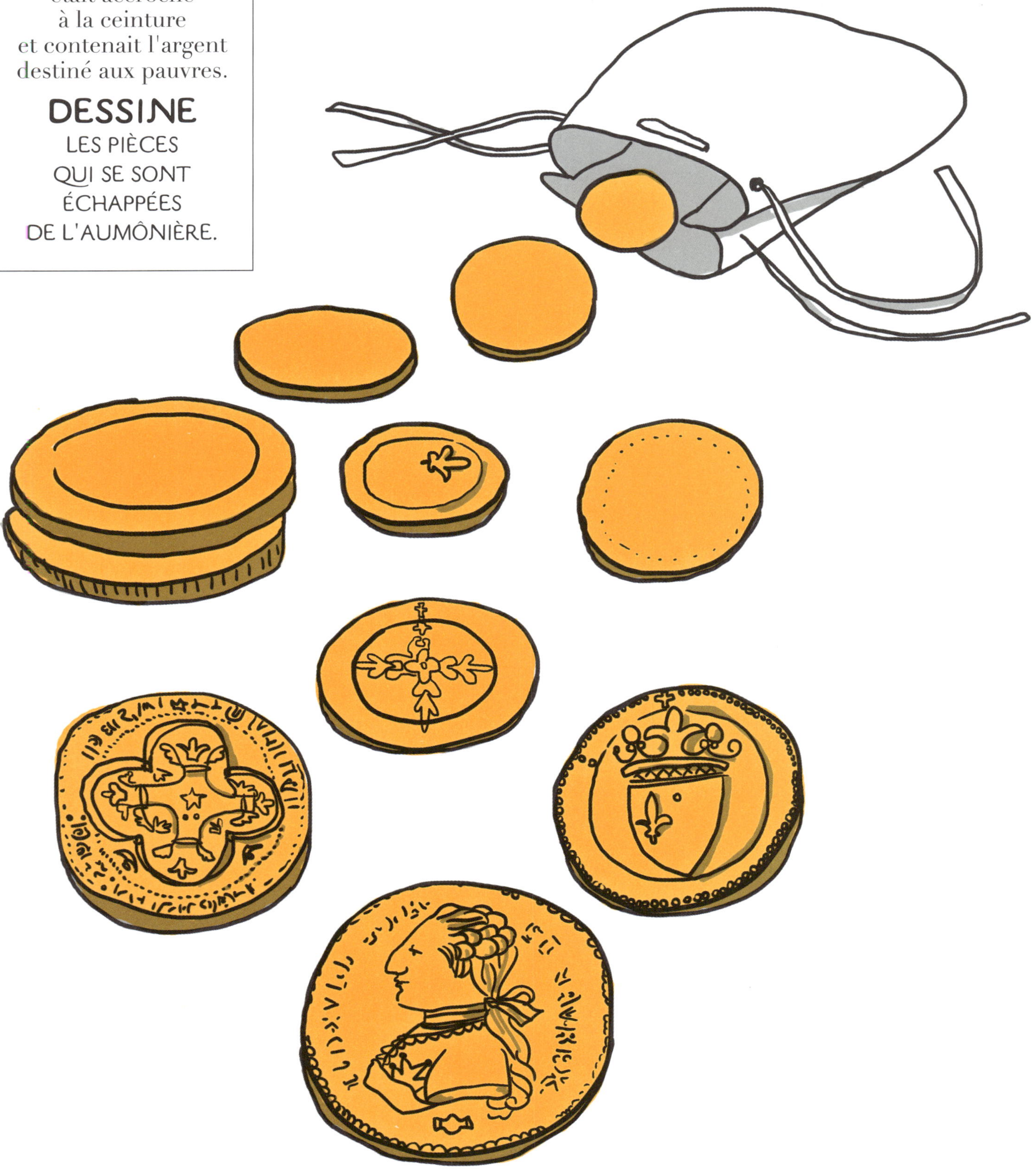

Marie de Médicis, reine de France et de Navarre, 1575-1642

PLACE
DES FLEURS
DE LYS SUR
LA ROBE
DE MARIE
DE MÉDICIS.

La fleur de lys était l'emblème de la royauté française.

DÉCORE
TON TEE-SHIRT AVEC UNE GROSSE FLEUR DE LYS.

COLORIE

LOUIS XIV.

Plumes, broderies de fil d'or, satin, dentelle, soie... Le roi Soleil était une icône de la mode ! Deux cents mètres de ruban étaient nécessaires pour orner une de ses tenues.

Louis XIV, roi de France et de Navarre, 1638-1715

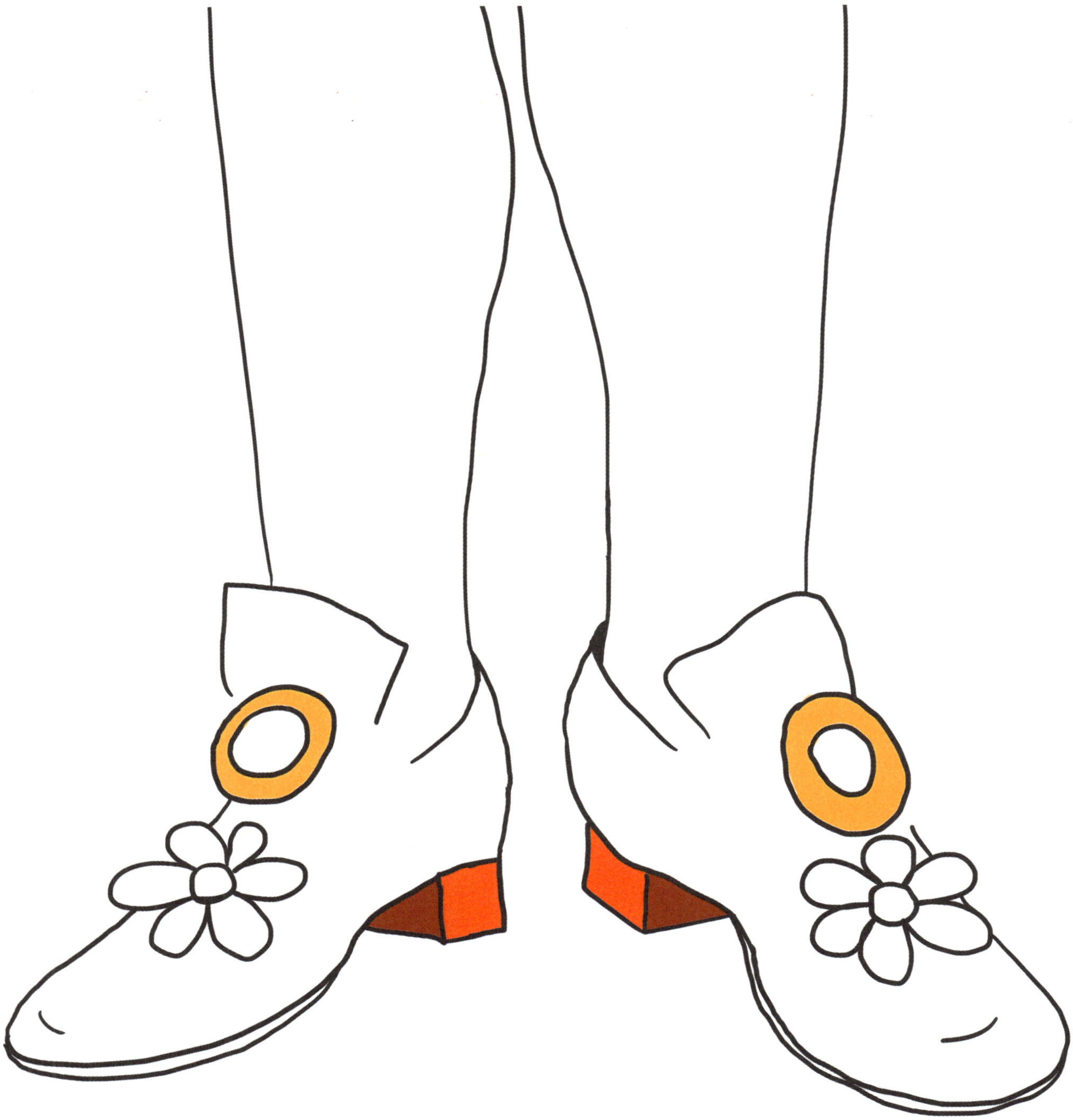

Le soulier était pour l'homme noble un signe d'élégance. Ceux de Louis XIV étaient décorés de rubans et de pierres précieuses. Les talons, de couleur rouge, mesuraient jusqu'à 12 cm.

AJOUTE

UN NŒUD À SES CHAUSSURES.

COLORIE
CES PERRUQUES.

Suite à une maladie,
Louis XIV perdait ses cheveux.
Il mit la perruque à la mode !

Il porta d'abord la perruque à fenêtre où passaient les quelques mèches qui lui restaient.

Vint ensuite la binette, longue et frisée. Elle pesait près de deux kg et donnait mal à la tête ! C'était aussi un nid à poussière et à vermine !

Peu à peu, la binette se transforma et devint plus courte.

IMAGINE
UNE NOUVELLE
PERRUQUE
POUR LOUIS XIV.

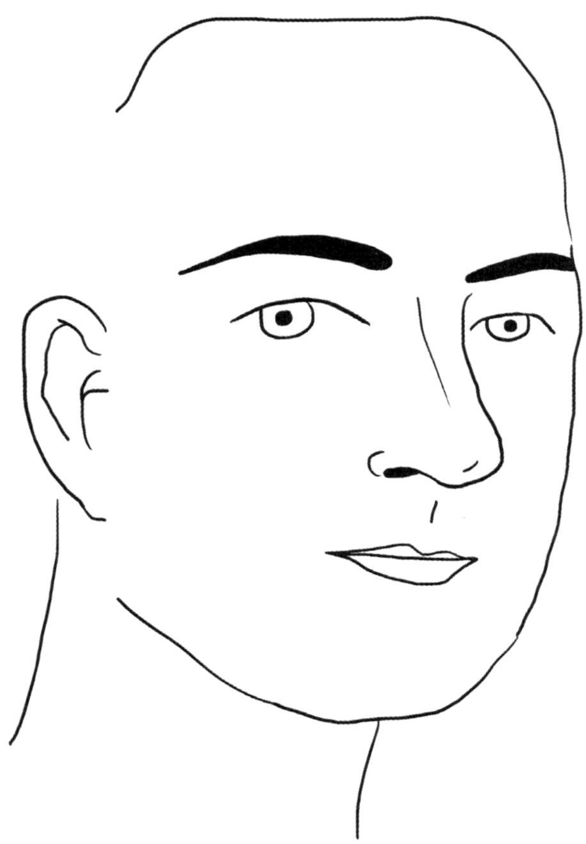

COLORIE
CES POUPÉES.

Au 18e siècle, ces poupées, appelées Pandores, étaient les ambassadrices de la mode parisienne dans toutes les cours du monde. Même en temps de guerre, des laisser-passer royaux leur permettaient de franchir les frontières.

HABILLE
TA PANDORE
D'AUJOURD'HUI.

Monsieur Jourdain,
le Bourgeois
gentilhomme
de Molière :

« Je me suis fait faire cette indienne-ci (...). Mon tailleur m'a dit que les gens de qualité étaient comme cela le matin. »

CRÉE

TON MOTIF
FLORAL.

Ces étoffes de coton venues d'Inde, les Indiennes, eurent un énorme succès aux 17e et 18e siècles. Elles étaient légères, colorées et plus faciles d'entretien.

IMAGINE

DES SAYNÈTES
CONTEMPORAINES.

Vers 1770, les motifs des Indiennes évoluèrent vers la représentation de scènes champêtres ou historiques. C'est la toile de Jouy, le tissu à histoires, fabriquée dans une manufacture à Jouy-en-Josas, en Île-de-France.

COLORIE
LES CHAUSSURES DE MARIE-ANTOINETTE.

Selon le protocole, la reine devait changer de toilette trois fois par jour. Elle possédait 500 paires de souliers. Un domestique s'occupait exclusivement de leur entretien.

DESSINE
TES CHAUSSURES,
CELLES DE
TOUS LES JOURS,
CELLES
QUE TU METS EN HIVER,
TES NU-PIEDS,
CELLES DES GRANDES
OCCASIONS...
PUIS
DÉCORE-LES
COMME CELLES
DE MARIE-ANTOINETTE.

COLORIE CES SCÈNES COCASSES.
Au 18e siècle, les robes à la française pouvaient mesurer 2,50 m de large.
Pas facile de passer le seuil d'une porte ! Il fallait se mettre de profil.

COLORIE CES COIFFURES.

Léonard, le coiffeur de la cour de Marie-Antoinette, créait des coiffures extravagantes. Une profusion d'objets divers entraient dans leur composition : bijoux, plumes, épingles, rubans, papillons, oiseaux, branches d'arbre, légumes...

Marie-Antoinette, reine de France et de Navarre, 1755 - 1793

COLORIE
CETTE COIFFURE EXTRAVAGANTE.

Une des plus célèbres excentricités de Léonard fut la coiffure « à la Belle Poule ». Il l'inventa pour célébrer la victoire de la frégate du même nom sur les Anglais. Elle fit fureur chez les dames de la haute société.

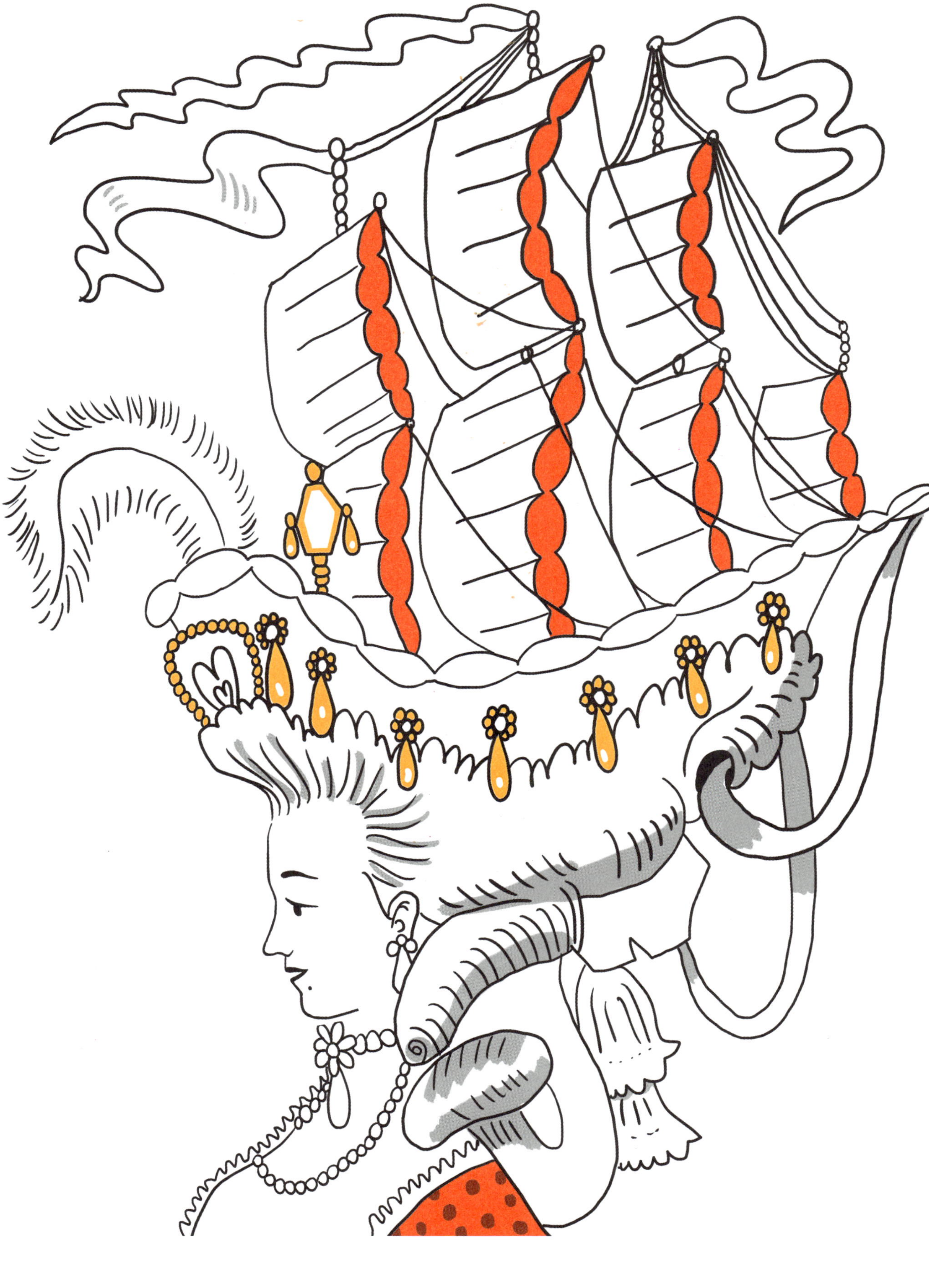

CRÉE

UNE COIFFURE
AVEC LES OBJETS
DE TON CHOIX.
TOUT EST PERMIS !

Le corps, les vêtements, les couloirs...
À Versailles, tout était parfumé pour cacher
des effluves pas toujours agréables.
Jean-Louis Fargeon, le parfumeur
de Marie-Antoinette, disait :
« Être propre, c'est être parfumé.»
Il préparait pour elle des gants parfumés.

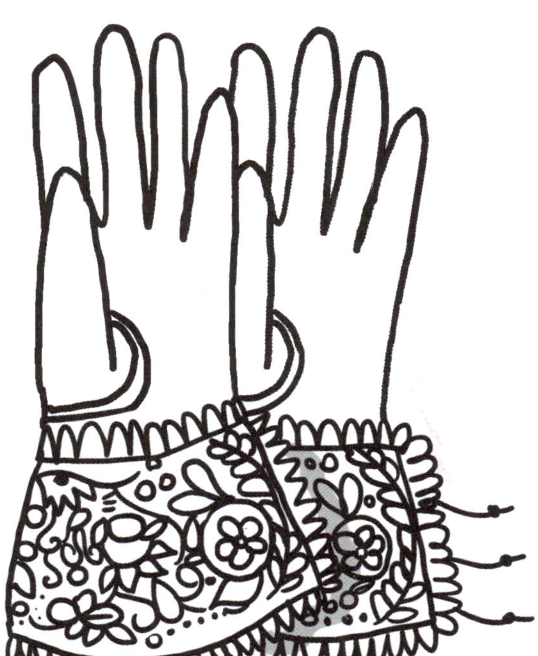

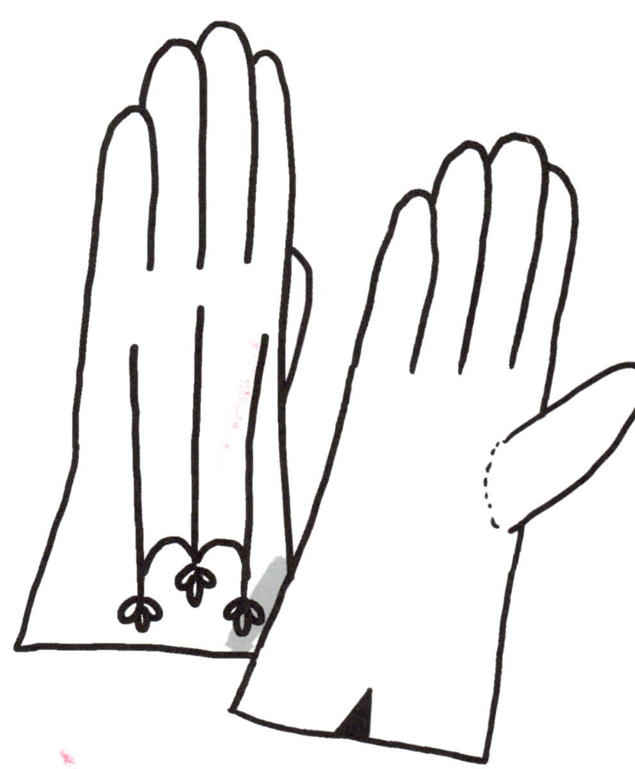

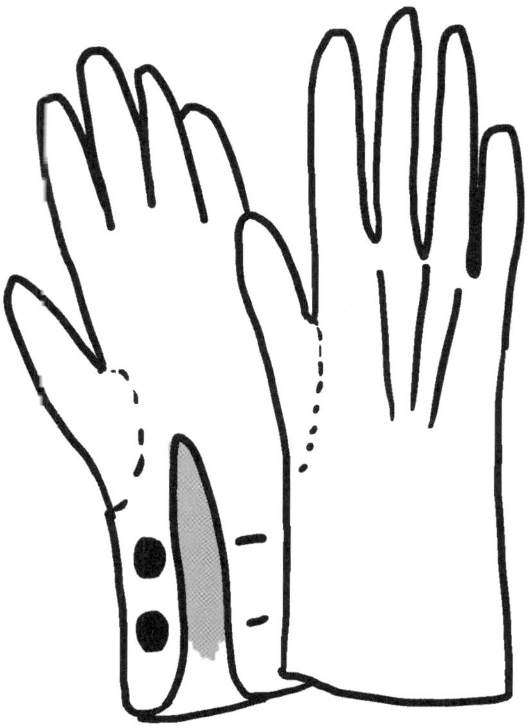

DÉCORE ET COLORIE

LA COLLECTION DE GANTS DE MARIE-ANTOINETTE

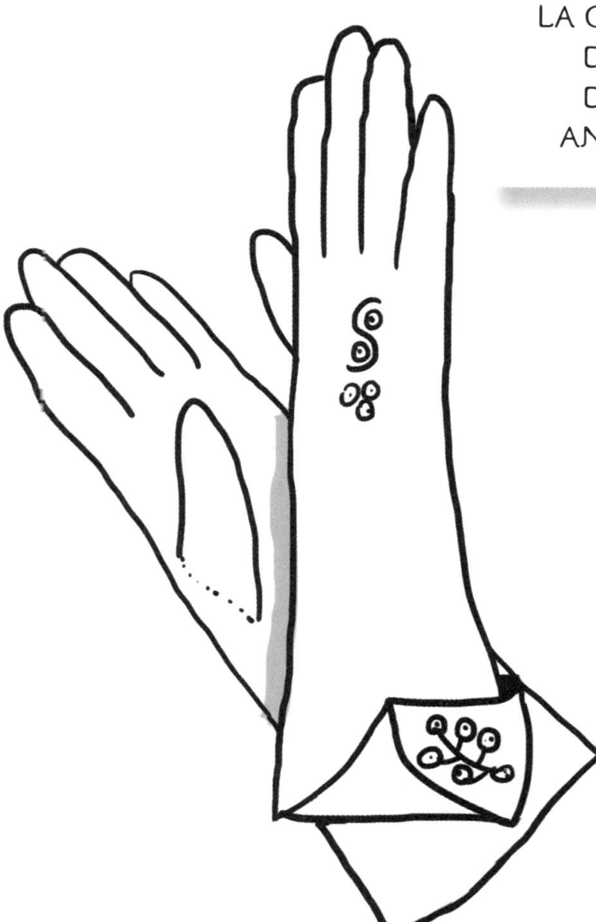

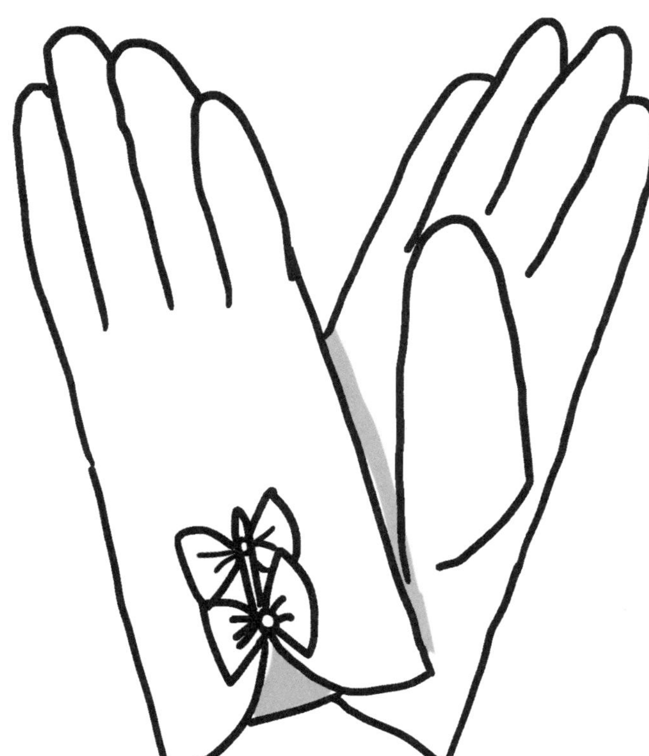

ACCORDE

LES COULEURS
DE LA ROBE
DE L'IMPÉRATRICE
À CELLE DU SALON.

Joséphine, la femme de l'empereur Napoléon 1er, était aussi impératrice de la mode. Elle supprima le corset, et ses longues robes droites et légères épousaient son corps. Elle accordait les couleurs de ses vêtements à celle des salons.

Joséphine, impératrice des Français, 1763 - 1814

2e Arrt
RUE
DE LA PAIX

COLORIE

CETTE SCÈNE

À la Belle Époque, la mode devint plus accessible pour un grand nombre de Parisiennes. Les maisons de couture et les revues spécialisées fleurirent.

LE RESTE DE L'EUROPE
N'EST PAS EN RESTE.

COLORIE CES ROBES IMPOSANTES.

Pour cacher à son époux une grossesse dont il n'était pas responsable, et donner plus d'ampleur à sa robe, Jeanne de Portugal mettait une jupe formée de cercles de jonc vert. La mode du vertugadin était née !

Les autres reines d'Europe s'empressèrent de l'imiter. Le vertugadin français consistait en un bourrelet placé autour des hanches.

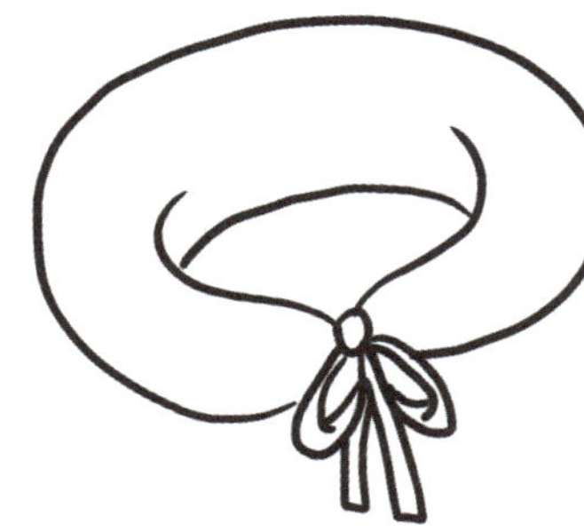

Marie Stuart, reine d'Écosse et de France, 1542-1587

Le vertugadin à plateau avait une forme de roue sur laquelle la robe pouvait s'étaler.

Les accoudoirs des fauteuils furent supprimés pour que les femmes puissent s'asseoir.

DESSINE-TOI
VÊTUE D'UNE ROBE
À VERTUGADIN.

IMAGINE

CE QUE PEUVENT SE DIRE
CES OISEAUX PENDANT UNE PARADE.

Au 16e siècle, les artisans italiens produisirent des armures de prestige. Les chevaliers se coiffaient de ces heaumes pendant les parades des tournois. Ce sont des pièces uniques.

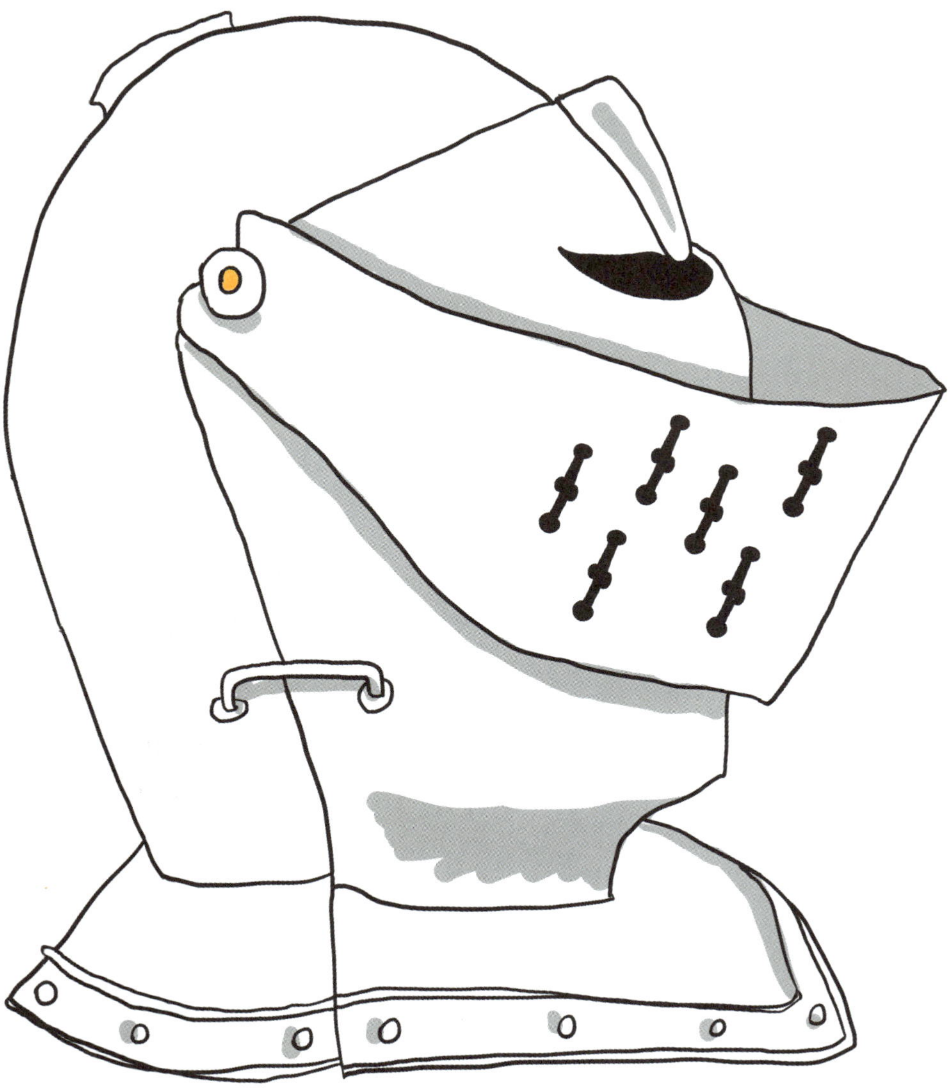

DÉCORE
CE CASQUE ET COIFFE-LE
D'UN OISEAU.

COLORIE
CES PIERRES PRÉCIEUSES
EN SUIVANT LES INDICATIONS.
TU PEUX UTILISER DES NUANCES
POUR CRÉER DU RELIEF.

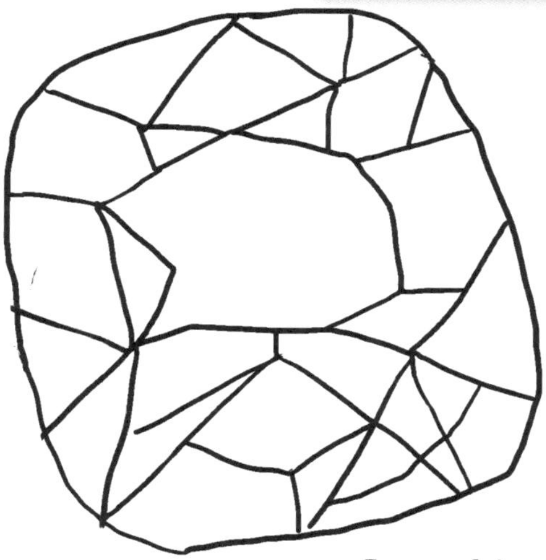

Le saphir
est bleu.

Le rubis
est rouge.

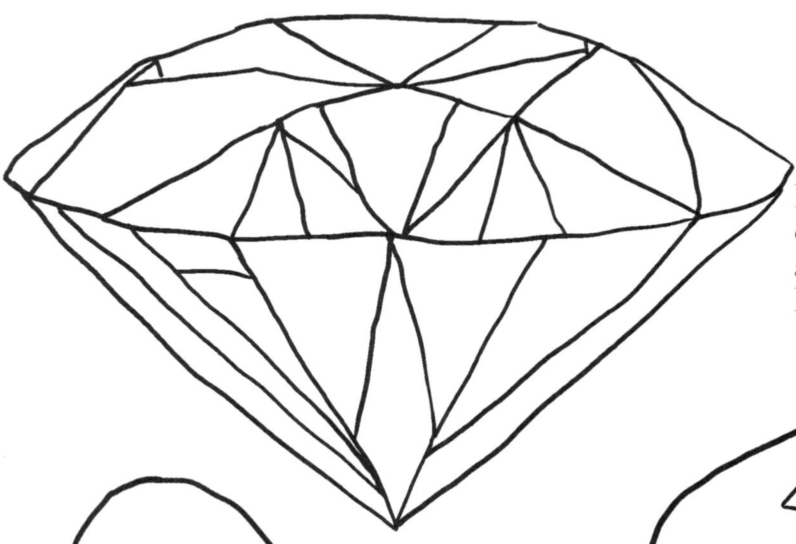

Le diamant
est blanc
avec des reflets
bleu clair.

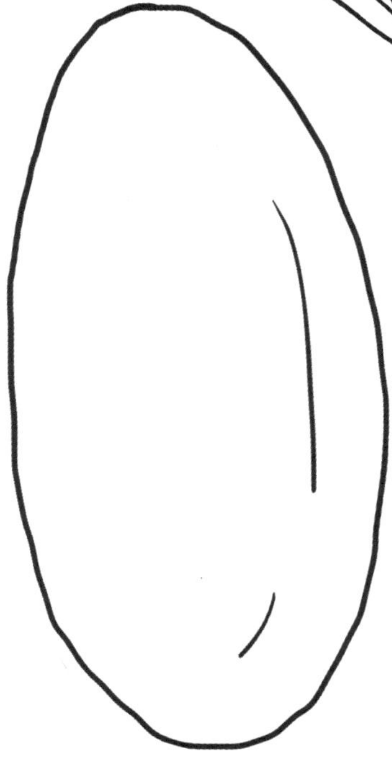

Le lapis
lazuli
est bleu.

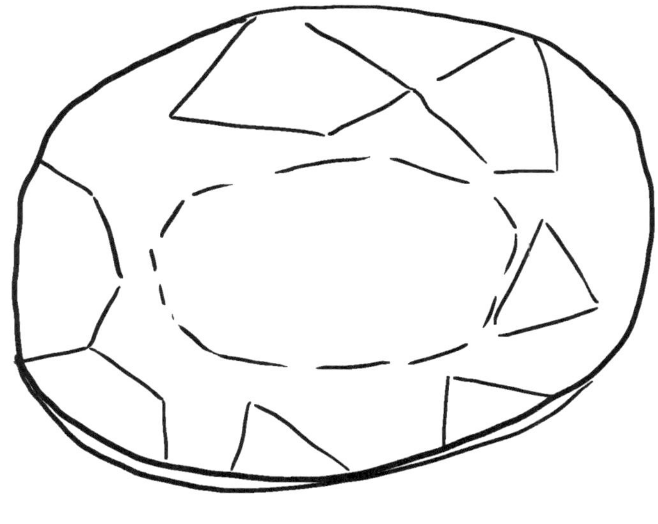

La spinelle
est rose.

COLORIE

LA COURONNE DE SAINT-VENCESLAS
EN UTILISANT DES RUBIS, DES SAPHIRS ET DES SPINELLES.

Cette couronne date de 1346.
Elle appartient aux joyaux de la couronne de Bohême.
Ce trésor est exposé dans une chambre spéciale.
Pour y accéder, il faut sept clés différentes !

Roger II, roi de Sicile, 1095 - 1154

COLORIE
CE MANTEAU
EN ROUGE
ET OR.

Le manteau
de couronnement
de Roger II de Sicile
était
brodé de fils d'or
et teint en pourpre,
un colorant issu
d'un coquillage.
Il fallait 8 000
coquillages pour
obtenir un gramme
de colorant.

COLORIE CES CHAUSSURES.

Dans les années 1500, pour protéger leurs robes de la saleté des rues, les élégantes Vénitiennes portaient des chopines. Leur démarche était cocasse car ces chaussures, très hautes, ne sont ni confortables, ni stables !

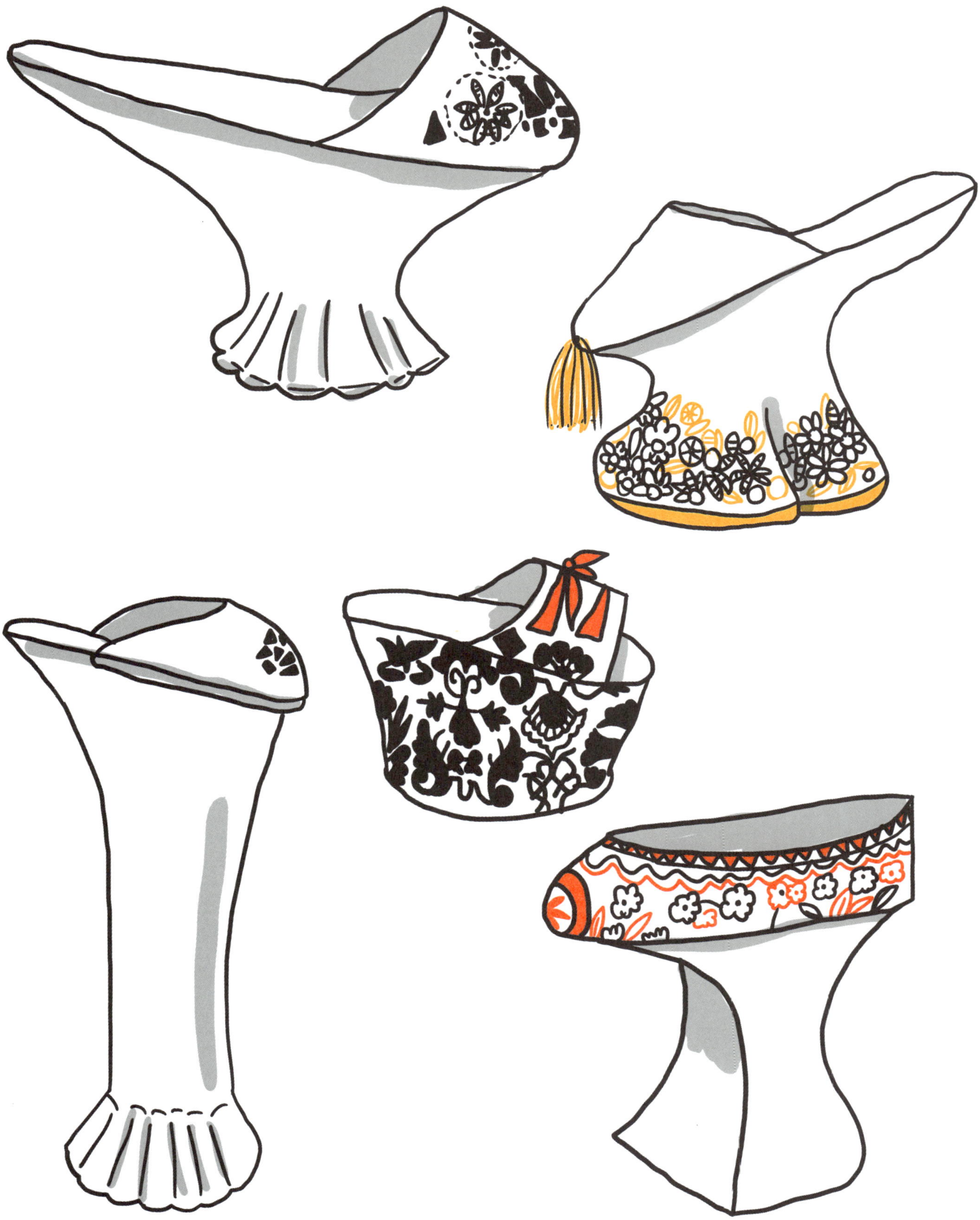

AMUSE-TOI
À PLACER SUR
CE SOCLE
UNE DE TES
CHAUSSURES
PRÉFÉRÉES.

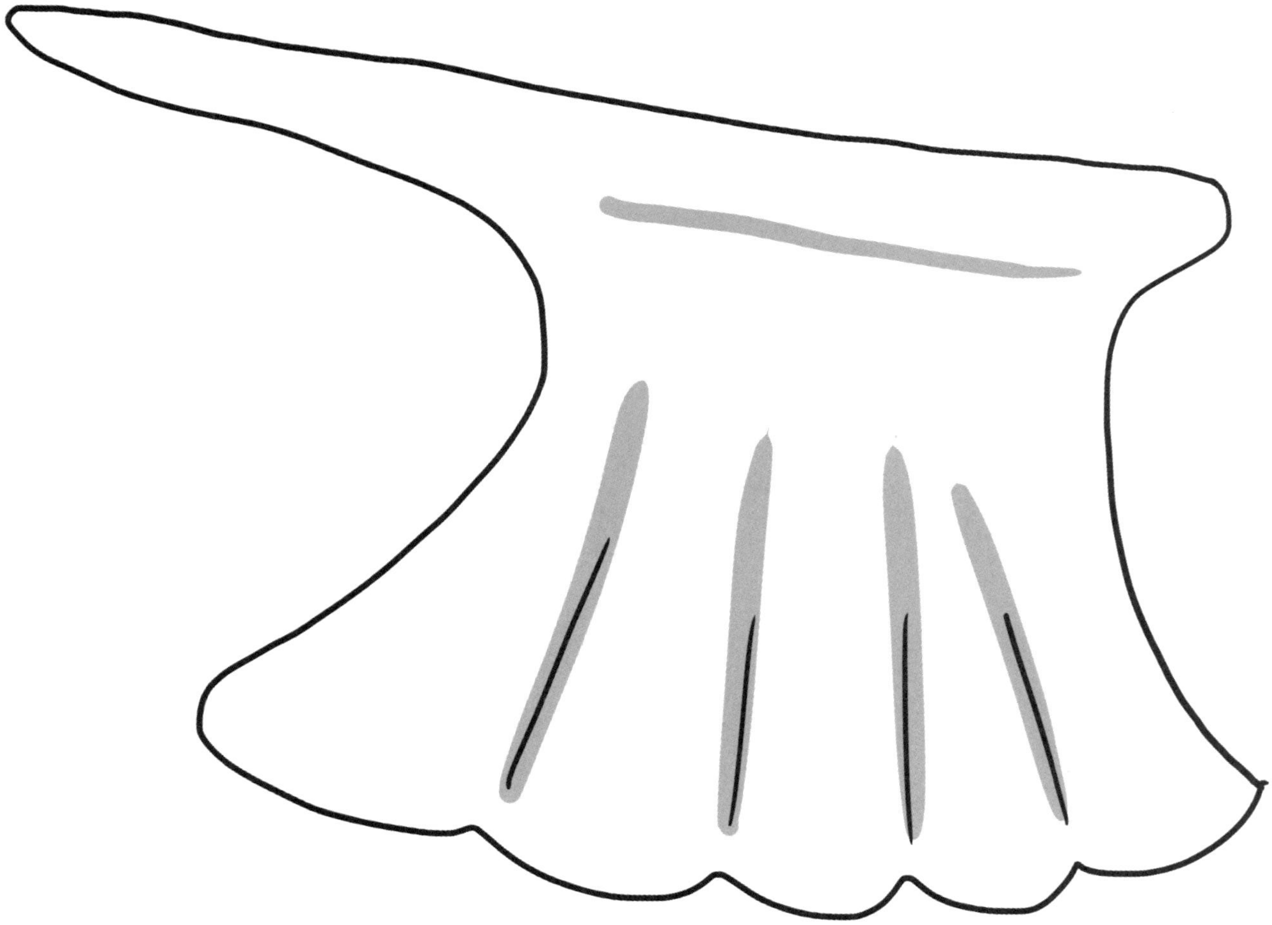

COLORIE

LE COSTUME D'HENRI III

Henri III, roi de Pologne puis de France, 1551-1589

Henri III était passionné par la toilette, les bijoux et les colifichets précieux. Un poème de l'époque moque son extravagance :

« Son visage, de rouge et de blanc empasté,
Son chef tout empoudré, nous montrèrent l'idée
En la place d'un roi d'une guenon fardée (...) »

Henri III était reconnaissable à son bonnet à aigrette, une petite toque décorée de plumes et de pierres précieuses, posé sur son abondante chevelure frisée.

IMAGINE TON BONNET AVEC UNE AIGRETTE.

À l'origine, les pourpoints « à crevés » permettaient sans doute de montrer qu'on avait gagné un combat : on lacérait son vêtement pour y coudre des tissus prélevés sur les habits du vaincu. Cette mode, partie d'Allemagne, se répandit dans toute l'Europe du 16e siècle.

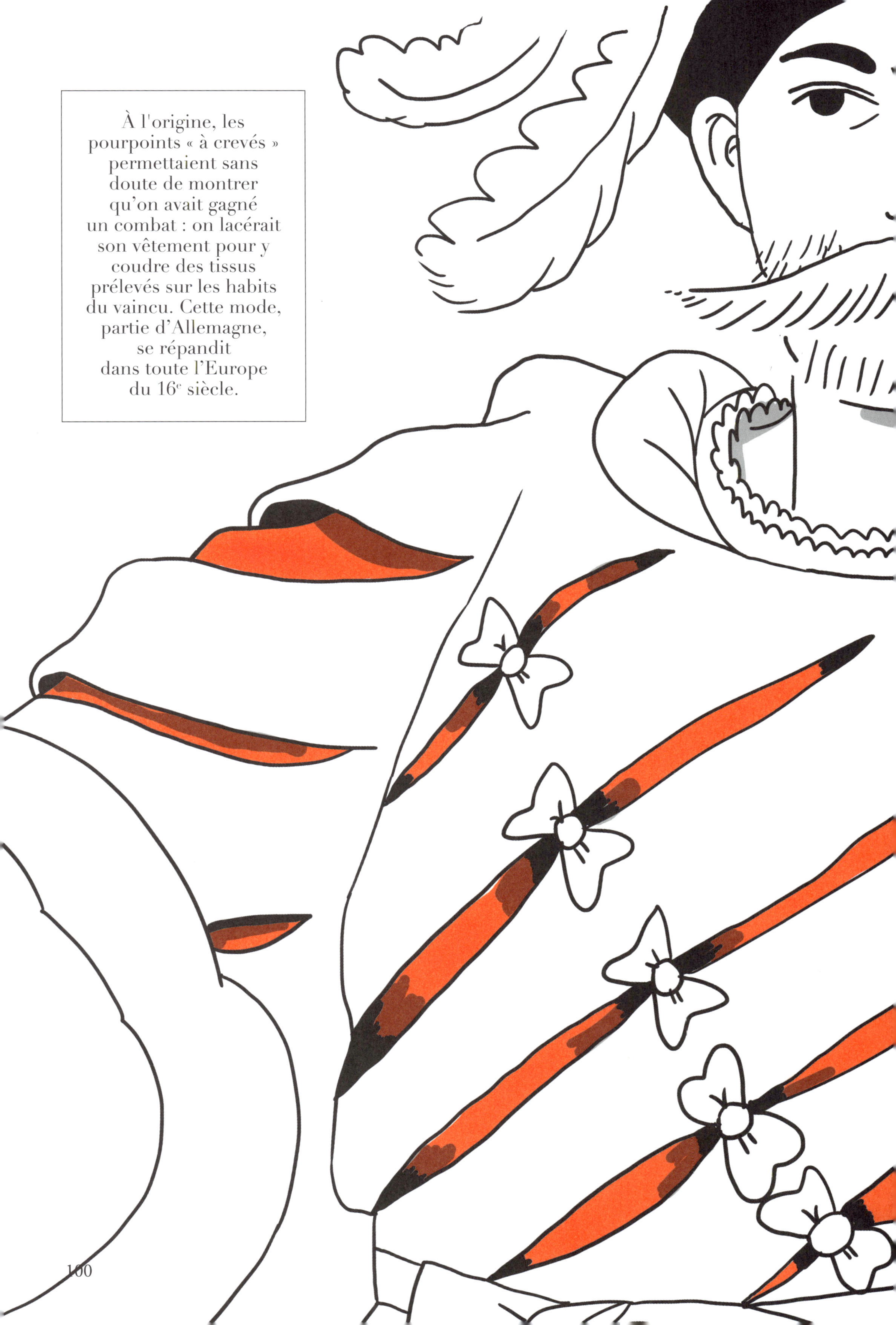

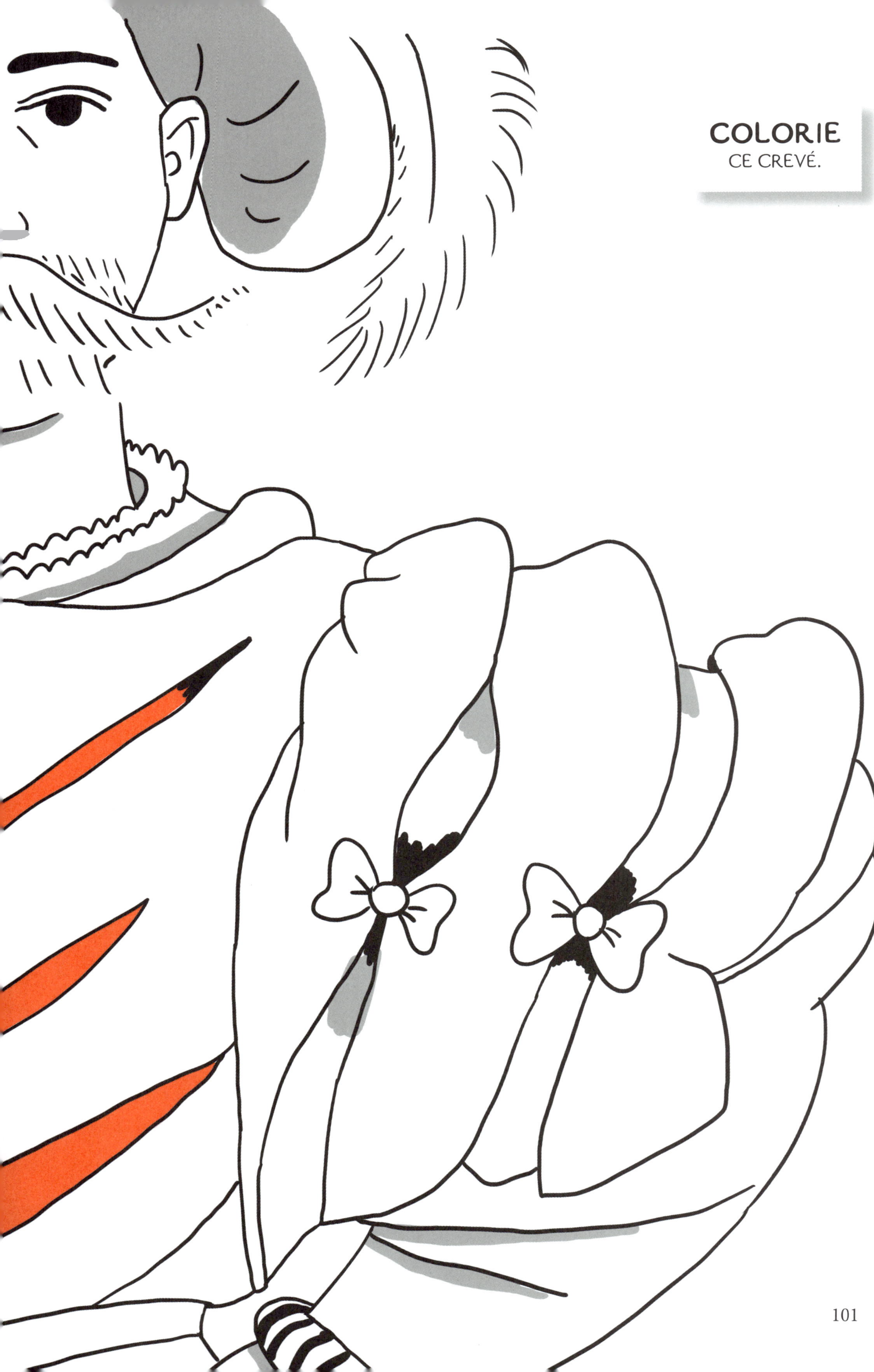

COLORIE
CE CREVÉ.

Au 15e siècle,
le col ou ruché était
petit et froncé.

Au 16e siècle,
d'abord discrète,
la fraise devint
si volumineuse
que boire et
manger proprement
était difficile.

TERMINE
LA FRAISE EN DENTELLE DE CE MARQUIS ITALIEN.

La reine Elisabeth 1ère appréciait les robes spectaculaires. Certaines étaient couvertes de pierreries, d'autres étaient brodées de fleurs et d'animaux étranges.

DÉCORE
LA ROBE DE LA REINE EN T'INSPIRANT DES MOTIFS PROPOSÉS.

Elisabeth 1re, reine d'Angleterre et d'Irlande, 1553-1603

COLORIE

LEURS VÊTEMENTS.

Sur ces portraits, l'infante
et le prince d'Espagne sont âgés d'à peine cinq ans.
Pourtant, ils sont vêtus de la même fa-
çon que leurs parents.

Marie Anne Victoire, infante d'Espagne, 1718 - 1781
Baltasar-Carlos, prince d'Espagne, 1629 - 1646

DESSINE-TOI

À L'ÂGE DE CINQ ANS,
HABILLÉ(E) COMME
TON PÈRE OU TA MÈRE.

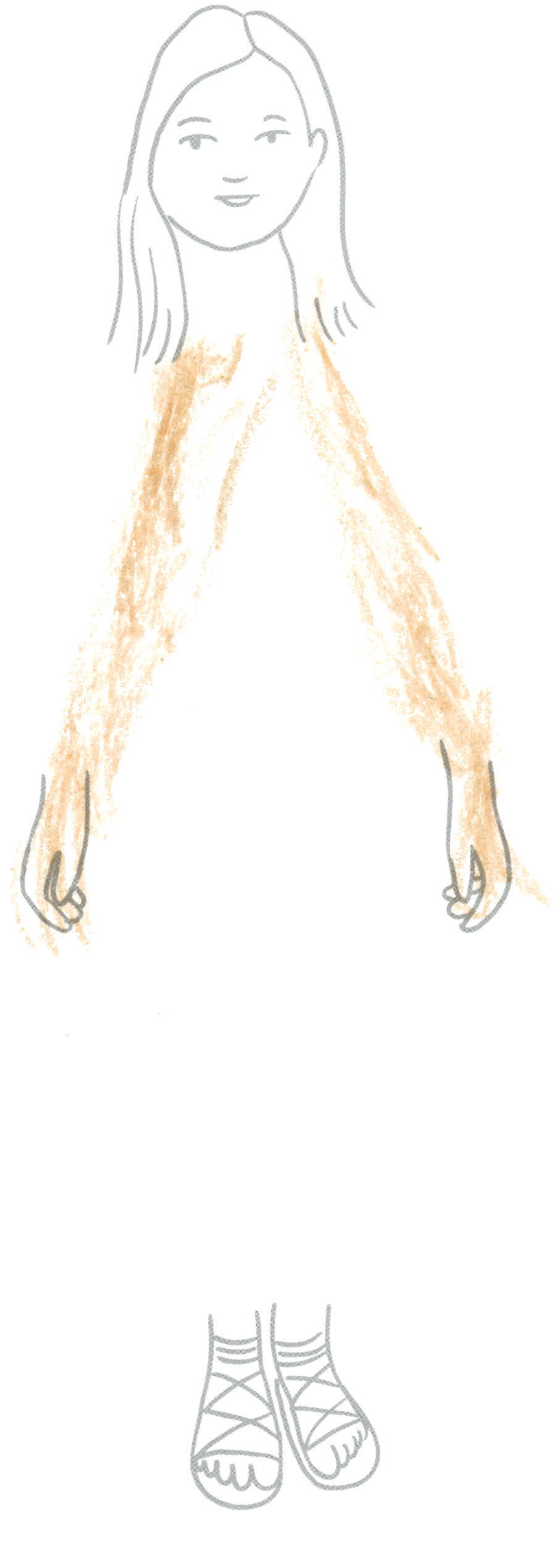

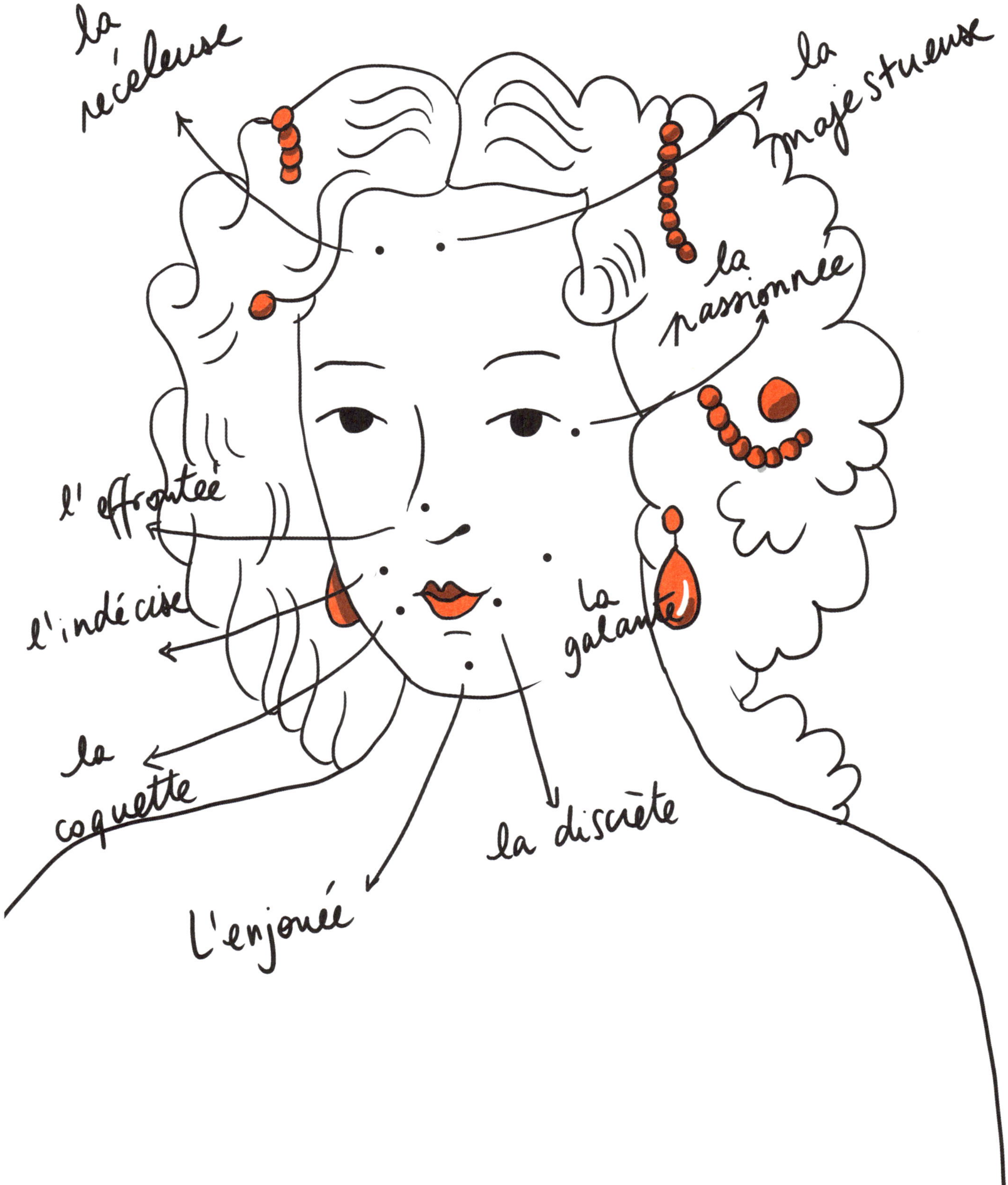

La mouche apparut au milieu du 17e siècle,
d'abord à Versailles, puis très vite dans les autres cours d'Europe.
Ce petit rond de taffetas noir faisait ressortir la pâleur
et le charme du visage. Les coquettes en portaient jusqu'à 15 !

PLACE
SUR CE VISAGE
UNE OU DEUX MOUCHES
QUI CARACTÉRISENT
TON ÉTAT D'ESPRIT
AUJOURD'HUI.

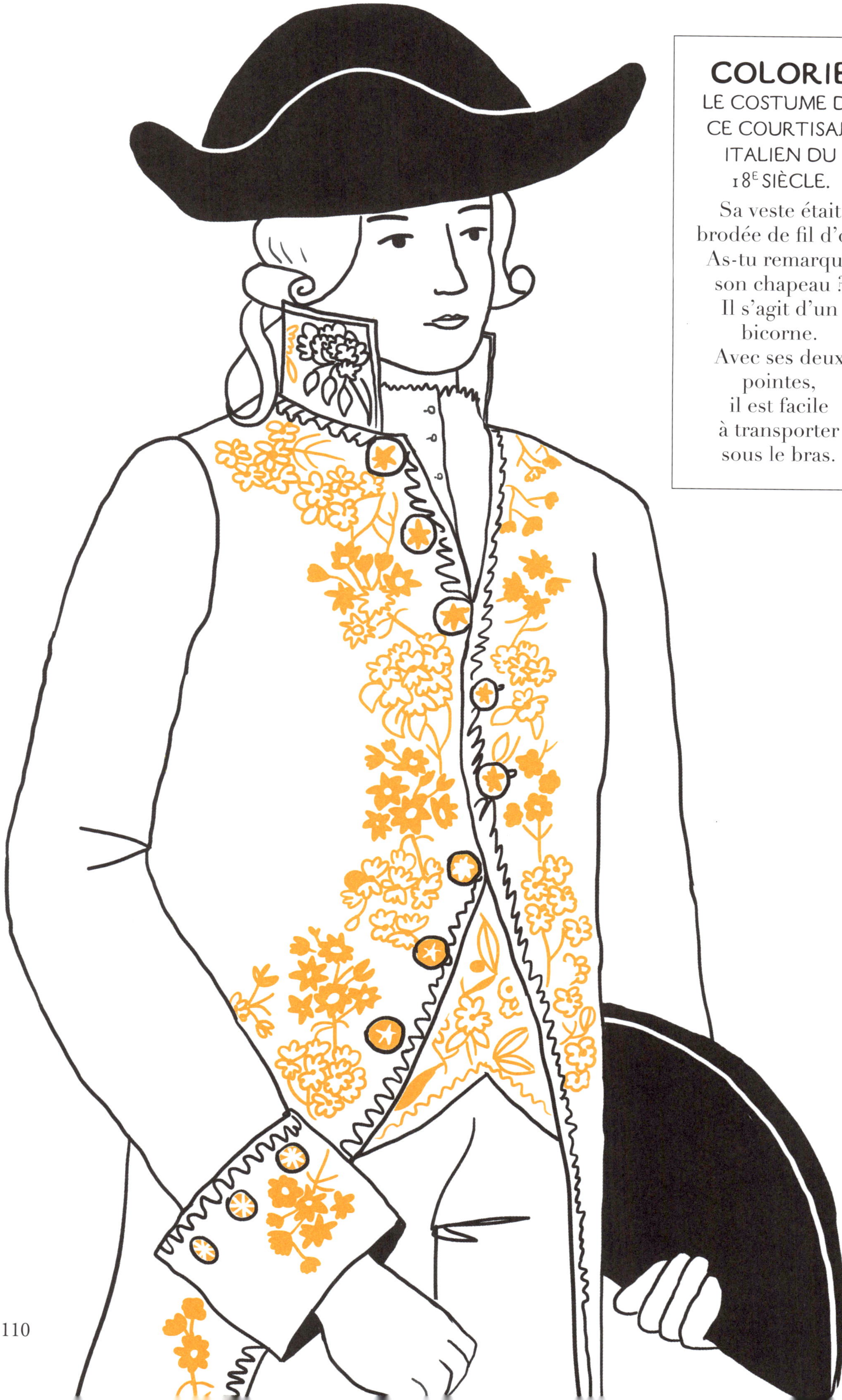

COLORIE
LE COSTUME DE CE COURTISAN ITALIEN DU 18E SIÈCLE.

Sa veste était brodée de fil d'or. As-tu remarqué son chapeau ? Il s'agit d'un bicorne. Avec ses deux pointes, il est facile à transporter sous le bras.

Le premier prototype du chapeau claque est né à Londres, mais c'est le Parisien Antoine Gibus qui, en 1834, déposa le brevet. Ce chapeau s'aplatissait et se relevait à l'aide de ressorts mécaniques.

DESSINE
LE CHAPEAU CLAQUE APLATI.

COLORIE

LA ROBE
DE CHRISTINE
DE SUÈDE,
ENFANT.

Élevée comme un garçon par son père, la future reine Christine de Suède n'était pas très à l'aise dans des habits raffinés !

Christine de Suède, reine de Suède, 1626-1689

METS-LUI
DES VÊTEMENTS PRATIQUES POUR LA CHASSE À L'OURS.

Christine de Suède était une reine excentrique. Elle adorait la chasse à l'ours et s'habillait volontiers en homme.

REPORTE

LE MOTIF QUADRILLÉ
SUR LA ROBE À CRINOLINE
DE LA REINE VICTORIA.

Plus le pouvoir de l'impératrice Victoria s'étendait, plus ses jupes devenaient démesurées ! Une multitude de jupons les soutenait, dont la crinoline, en crin et lin. Plus tard, ils seront remplacés par des cerceaux en métal.

Victoria, reine de Grande-Bretagne et d'Irlande, impératrice des Indes, 1819-1901

PLACE

UN MOTIF COMPOSÉ DE RAYURES ALTERNATIVEMENT LARGES ET MINCES SUR CETTE ROBE .

Vers 1860, on commença à relever la jupe en draperies sur l'arrière. Une nouvelle structure apparut, la tournure, appelée aussi faux cul. Les déplacements devinrent plus faciles !

ACCROCHE

DES RANGÉES DE PERLES À SON COU.

Surnommée la « Reine des perles », Marguerite de Savoie raffolait de ce bijou. D'après les mauvaises langues, son mari, le roi Humbert 1er, compensait chacune de ses infidélités par une rangée de perles.

Marguerite de Savoie, reine d'Italie, 1851 - 1926

DÉCORE

CES OMBRELLES.
TU PEUX AJOUTER
DE LA DENTELLE.

L'ombrelle permettait aux dames de garder un teint pâle. Être bronzée était un signe d'appartenance à une classe sociale inférieure, obligée de travailler au soleil.

REMPLIS
L'INTÉRIEUR
DES PETITES FORMES
AVEC UNE COULEUR
FONCÉE. LE MOTIF
DE CE PEIGNE
À L'ESPAGNOL
APPARAÎTRA.

Au 19ᵉ siècle,
le peigne
« à l'espagnol »
fut en vogue dans
de nombreux
pays.
Les femmes
l'utilisaient
pour relever
leurs cheveux.

TERMINE
CETTE TIARE.

Elisabeth II, reine de Grande-Bretagne et d'Irlande, née en 1926

La reine Elisabeth II
possède une splendide
collection de tiares.
La plupart d'entre
elles sont des cadeaux
de représentants de
pays étrangers.

AILLEURS
DANS LE MONDE,
LE CHIC
ÇA COMPTE AUSSI.

Chaan Muan II, roi des Mayas, vers 750

COLORIE

CHAAN MUAN II.

Le roi des Mayas portait un pagne en peau de jaguar et une tiare ornée de plumes de quetzal, un oiseau sacré.

L'or jouissait d'un très grand prestige auprès des Aztèques, des Mayas et des Incas. Il était considéré comme le fils du soleil. Ces pendentifs appartenaient à l'élite et aux prêtres.

DESSINE TON PENDENTIF.

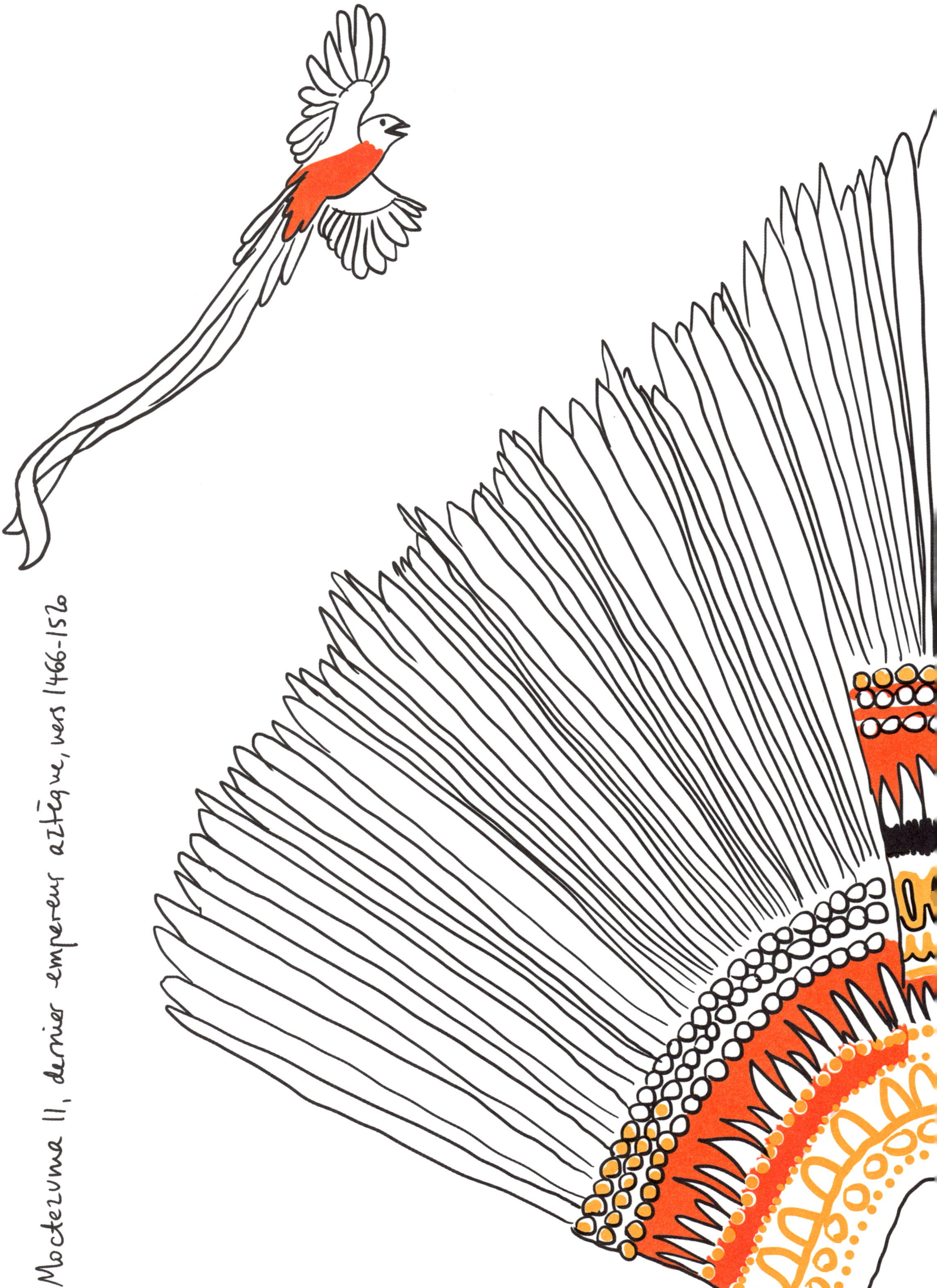

Moctezuma II, dernier empereur aztèque, vers 1466-1520

COLORIE
le diadème
de Moctezuma II,
le dernier
empereur aztèque.
Chez les Aztèques,
les plumes vert jade
du quetzal avaient
plus de valeur
que l'or.

COLORIE
EN BLEU FONCÉ
LE FOND,
et le petit rond
dans les losanges
blancs.
Le losange
avec un point
central était
le motif
principal
des tissus
utilisés dans
les rituels incas.

AJOUTE ce motif de losanges sur le manteau et le pagne de ce souverain inca.

COLORIE
CETTE TUNIQUE
INCA EN ROUGE
ET EN OCRE.

Les modules carrés de ce manteau d'apparat incas sont appelés tokapus. Ils sont tous différents les uns des autres.

IMAGINE
TA PROPRE
TUNIQUE.

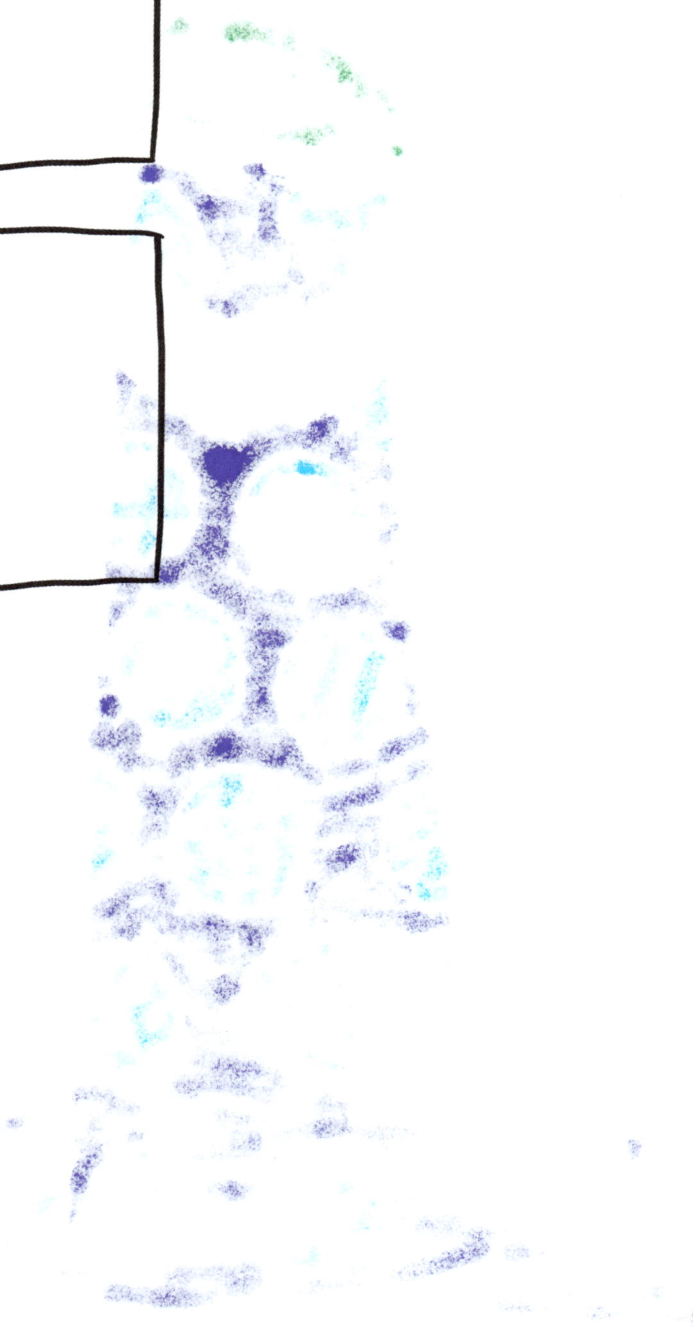

COLORIE

LES ROBES DE CES CONCUBINES DE LA COUR.

Un art de vivre très raffiné se mit en place sous la dynastie des Tang en Chine, au 8e siècle : dessin de sourcils en feuille, en antennes de papillon, chignon en nuage, en coquille, robe de soie et gaze.

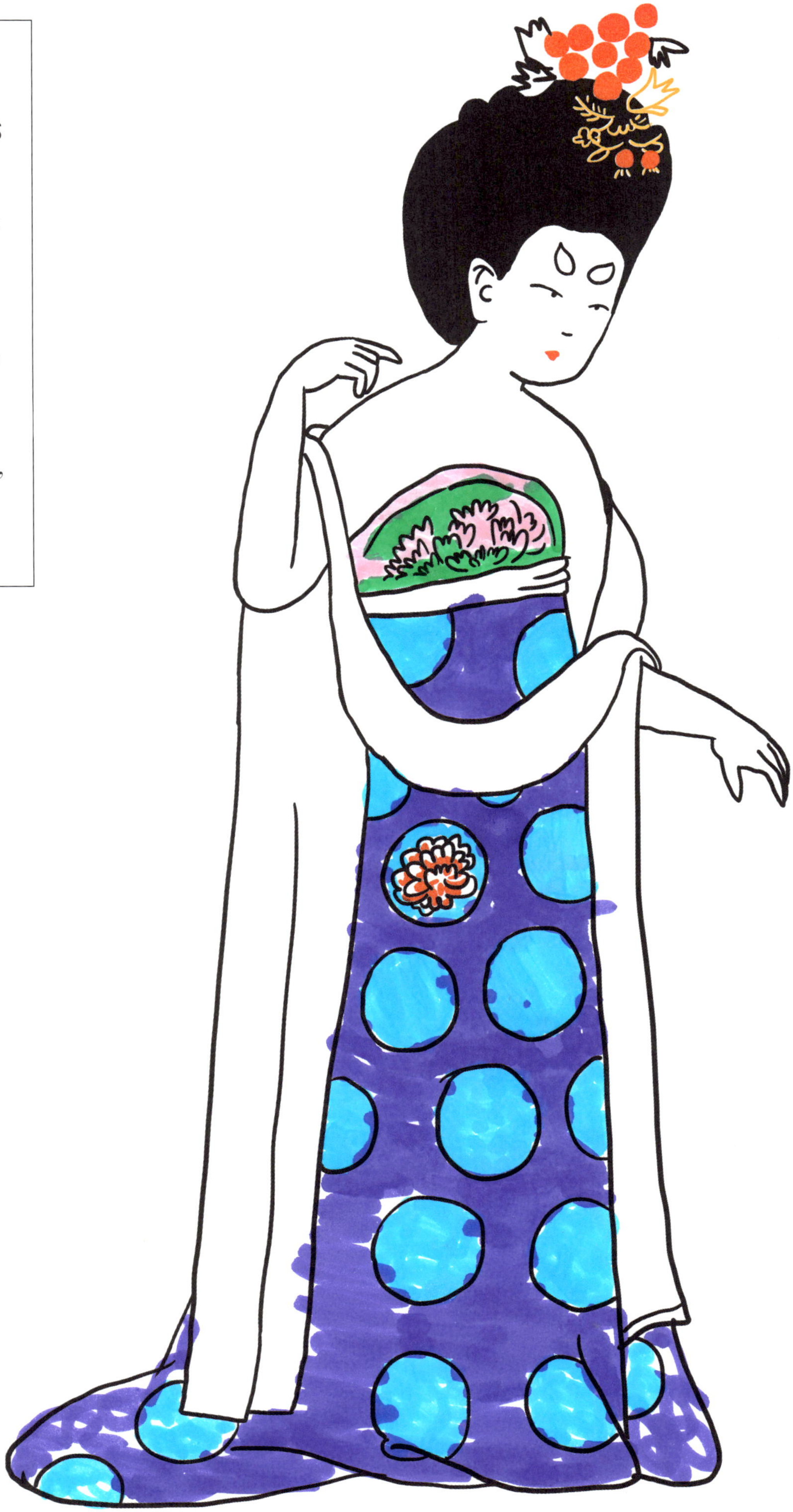

COLORIE

LA ROBE D'HIVER DE L'IMPÉRATRICE.

Les robes de cour n'étaient pas les mêmes selon les saisons. Cette robe d'hiver de l'épouse principale de Qianlong, Xiao Xian, était doublée de fourrure et bordée de zibeline.

COLORIE
LA ROBE
DRAGON.

L'empereur Qianlong la revêtait pour les occasions heureuses. Elle était ornée de neuf dragons, un animal bienveillant.

Qianlong, empereur de la dynastie Qing, 1711-1799

Cixi, impératrice de Chine, 1835-1908

AJOUTE
DES PERLES
SUR LES FILS
QUI DESCENDENT
DES CHEVEUX
DE L'IMPÉRATRICE
ET
COLORIE
SA COIFFURE.

D'abord concubine impériale, Cixi, férue de politique, deviendra impératrice de Chine.

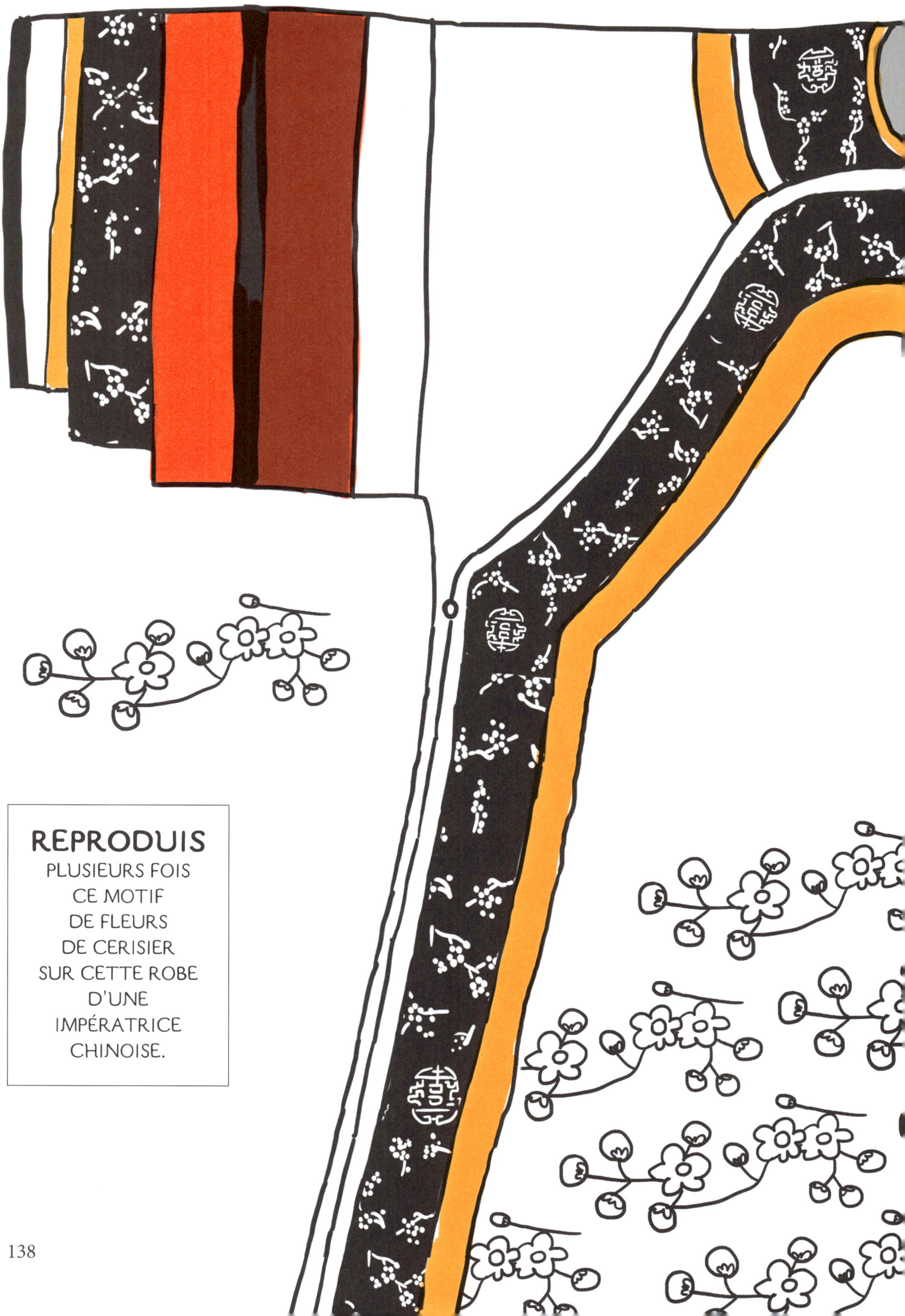

REPRODUIS
PLUSIEURS FOIS
CE MOTIF
DE FLEURS
DE CERISIER
SUR CETTE ROBE
D'UNE
IMPÉRATRICE
CHINOISE.

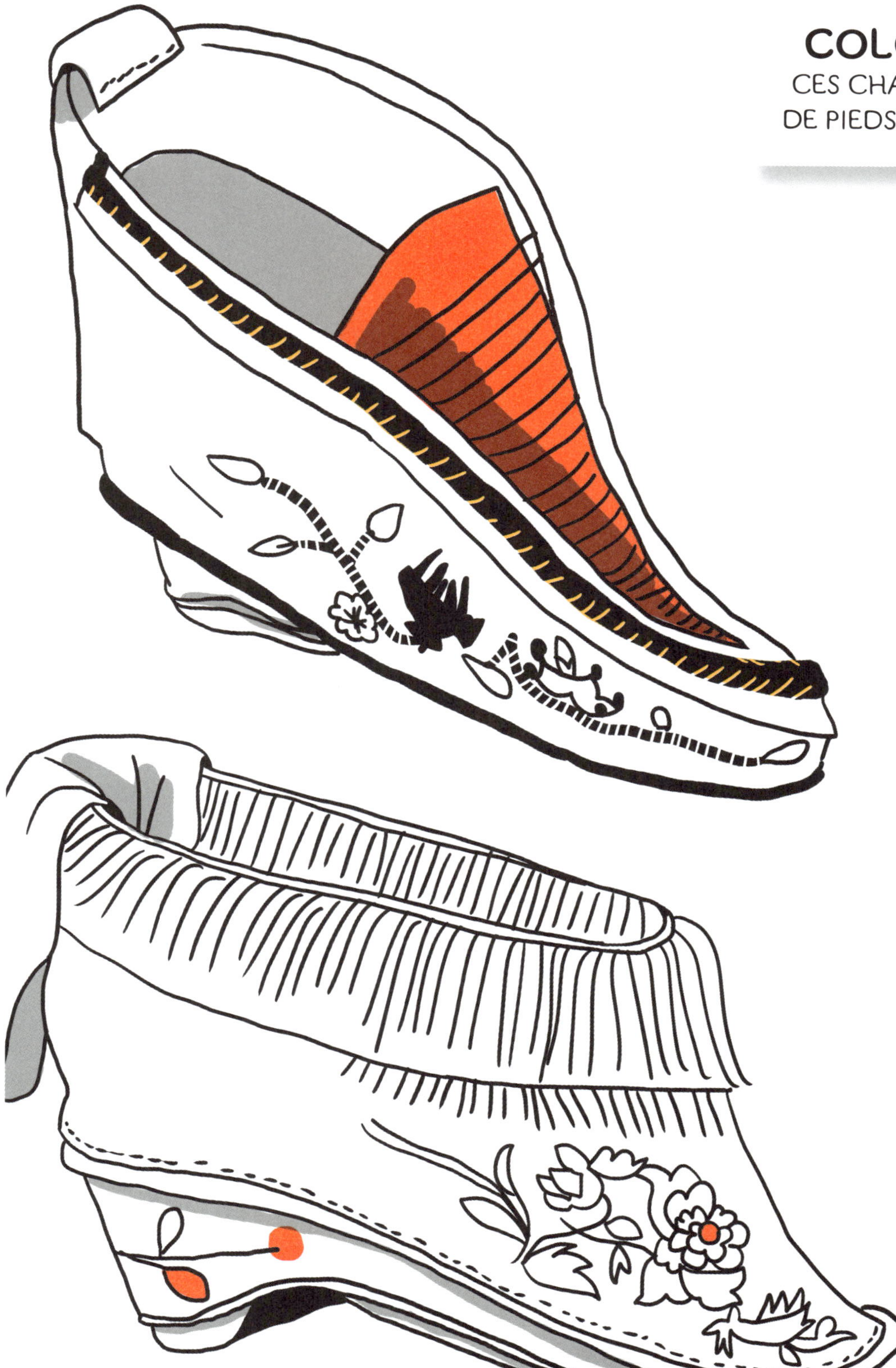

COLORIE
CES CHAUSSONS
DE PIEDS BANDÉS.

Ils sont ravissants mais, pour pouvoir les mettre, les femmes chinoises souffraient terriblement. Leurs pieds étaient bandés et mutilés pour qu'ils soient petits !
L'origine de cette coutume remonte au 10e siècle.
Pour exécuter la danse du lotus, la concubine d'un empereur Tang se banda les pieds.
Cette pratique devint synonyme de raffinement et de séduction.

COLORIE

CE JUNIHITOE.

Le junihitoe
apparut au Japon
au 10e siècle.
Cette superposition
de 12 kimonos
de soie pouvait
peser jusqu'à 20 kg.
Seules les femmes
haut placées de
la cour le portaient.

COLORIE
CE SAMOURAÏ.

Au 12e siècle, le samouraï, un guerrier sans pitié, se battait pour l'une des deux grandes familles nobles japonaises. Sa cuirasse, souple et légère, était faite de lamelles de fer reliées entre elles par un cordon de soie.

Son masque, aux expressions féroces, était censé effrayer son ennemi.

DESSINE

DES MASQUES DE SAMOURAÏS.

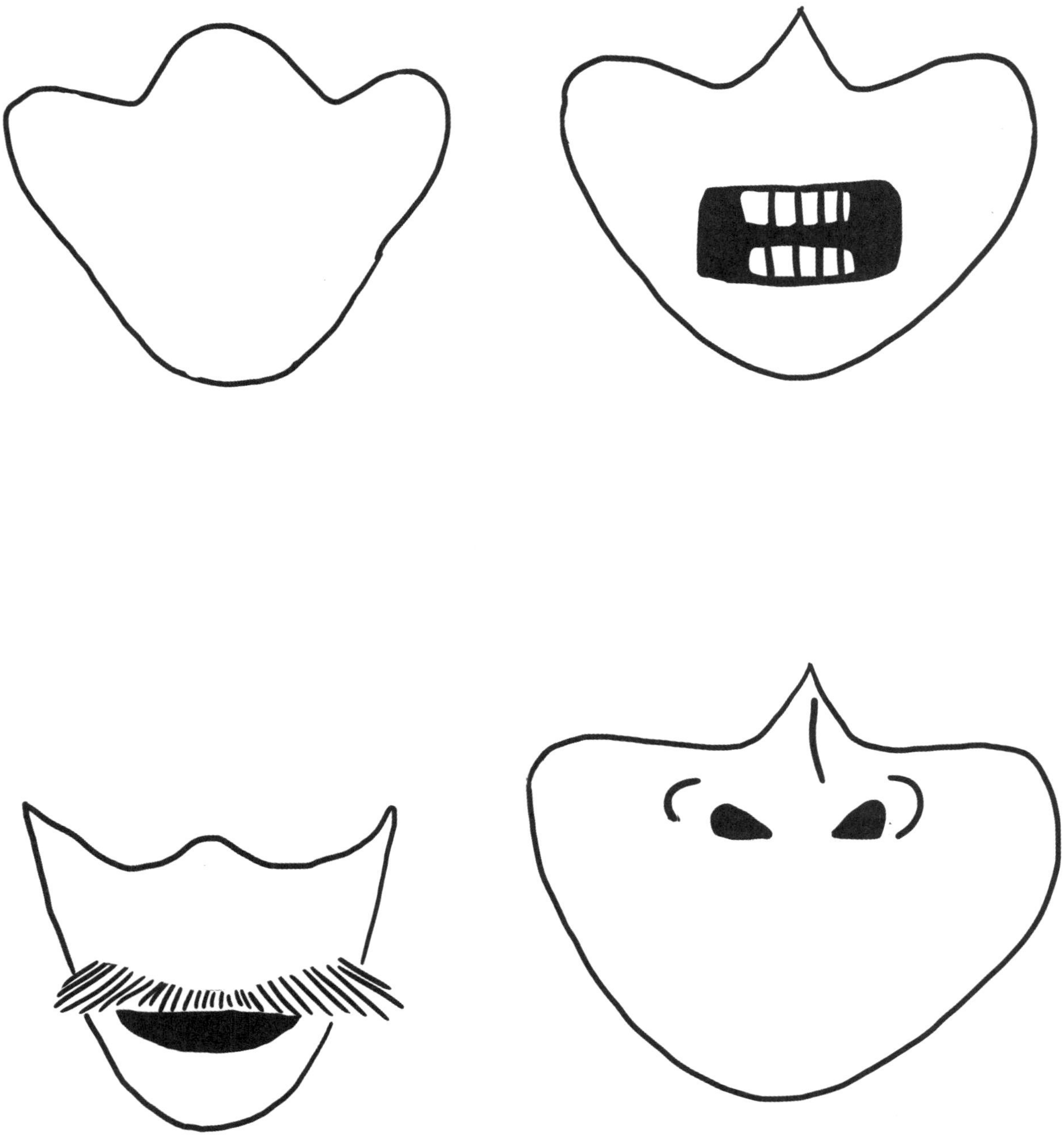

COLORIE
CE CASQUE
DE SAMOURAÏ.

Le kabuto était constitué
d'une bombe ornée
de plaques en métal.
Des lamelles souples
protégeaient la nuque.
Le samouraï brûlait
de l'encens dans son
casque pour que sa tête
sente bon s'il était déca-
pité pendant la bataille !

DESSINE
DES KABUTOS.

Si un samouraï était obligé de se défaire de son sabre, il n'était pas désarmé pour autant : il avait toujours un éventail défensif, ou tessen, caché dans ses vêtements. Les nervures étaient en métal tranchant.

COLORIE
L'ENDROIT DE CE TESSEN.

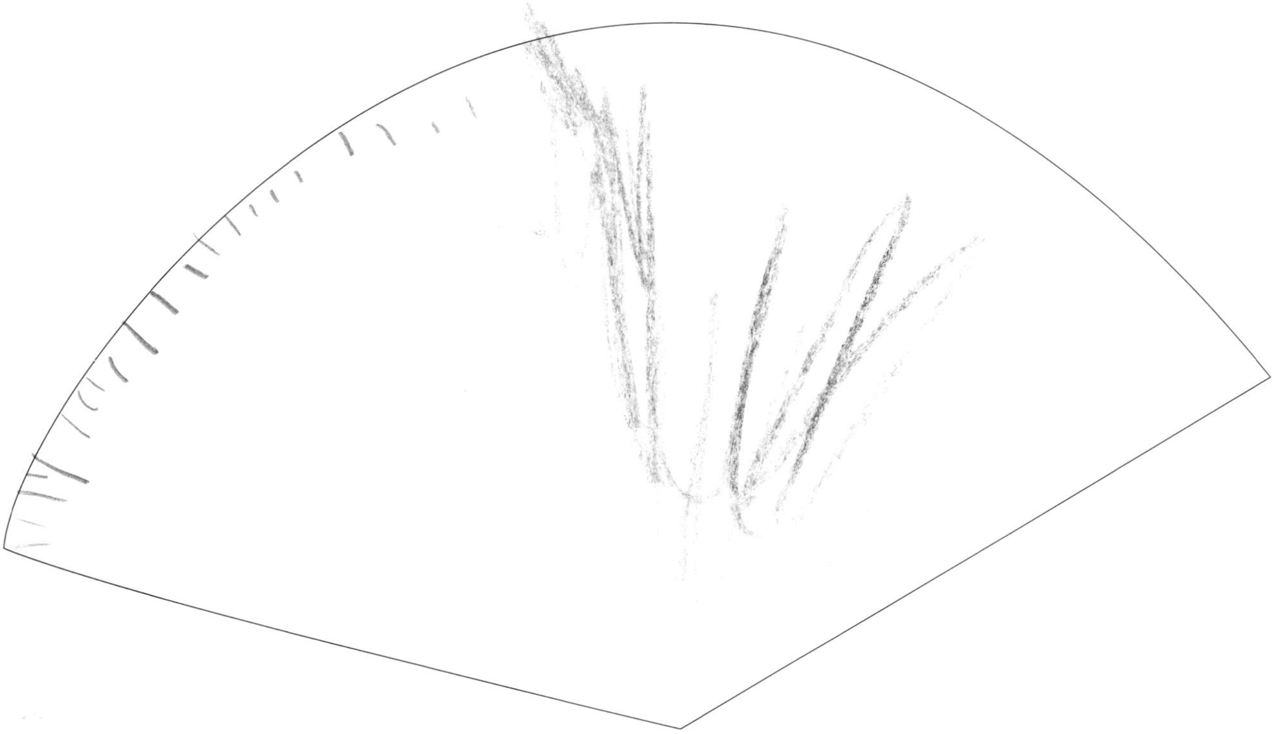

CRÉE
TON PROPRE
TESSEN.

COLORIE CE KIMONO.

Le kimono a d'abord été un sous-vêtement.
Plus tard, au 15e siècle, il se portait à l'extérieur, sur plusieurs couches de vêtements.
Aujourd'hui, il se met pour les grandes occasions.

INVENTE

UN MOTIF AVEC DES ANIMAUX
POUR CE KIMONO.

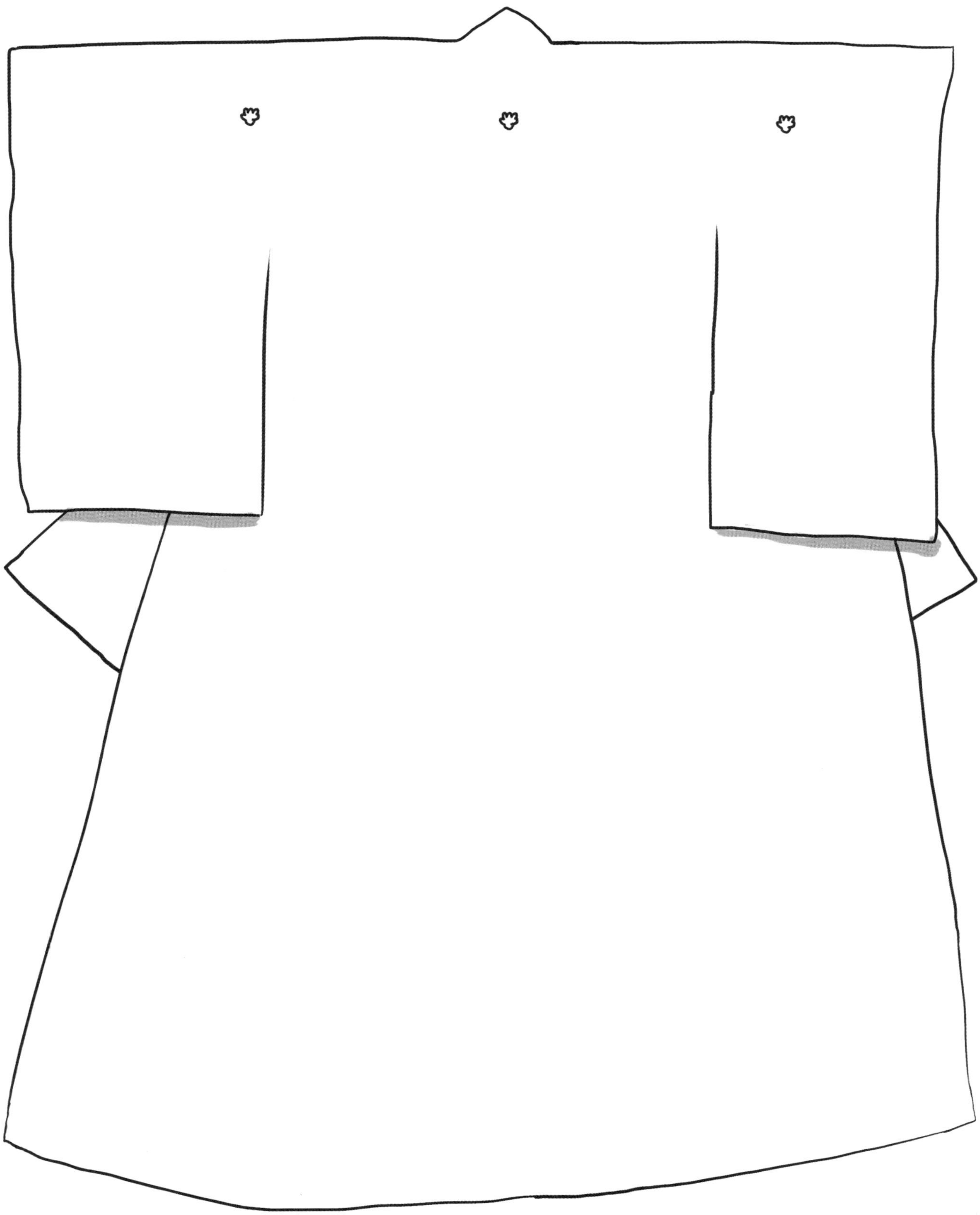

COLORIE
LA TENUE
DE MARIAGE
DE LA REINE
MIN.

Pour son mariage, Myeongseong, appelée aussi reine Min, était habillée du vêtement coréen traditionnel, le hanbok. Sa coiffe était tellement lourde qu'une dame de la cour la soutenait. Myeongseong a joué un rôle politique très important dans son pays.

Myeongseong, impératrice de Corée, 1851 - 1895

De jolies chaussettes brodées à pompons, ou boeseon, complétaient sa tenue.

DÉCORE
CES CHAUSSETTES.

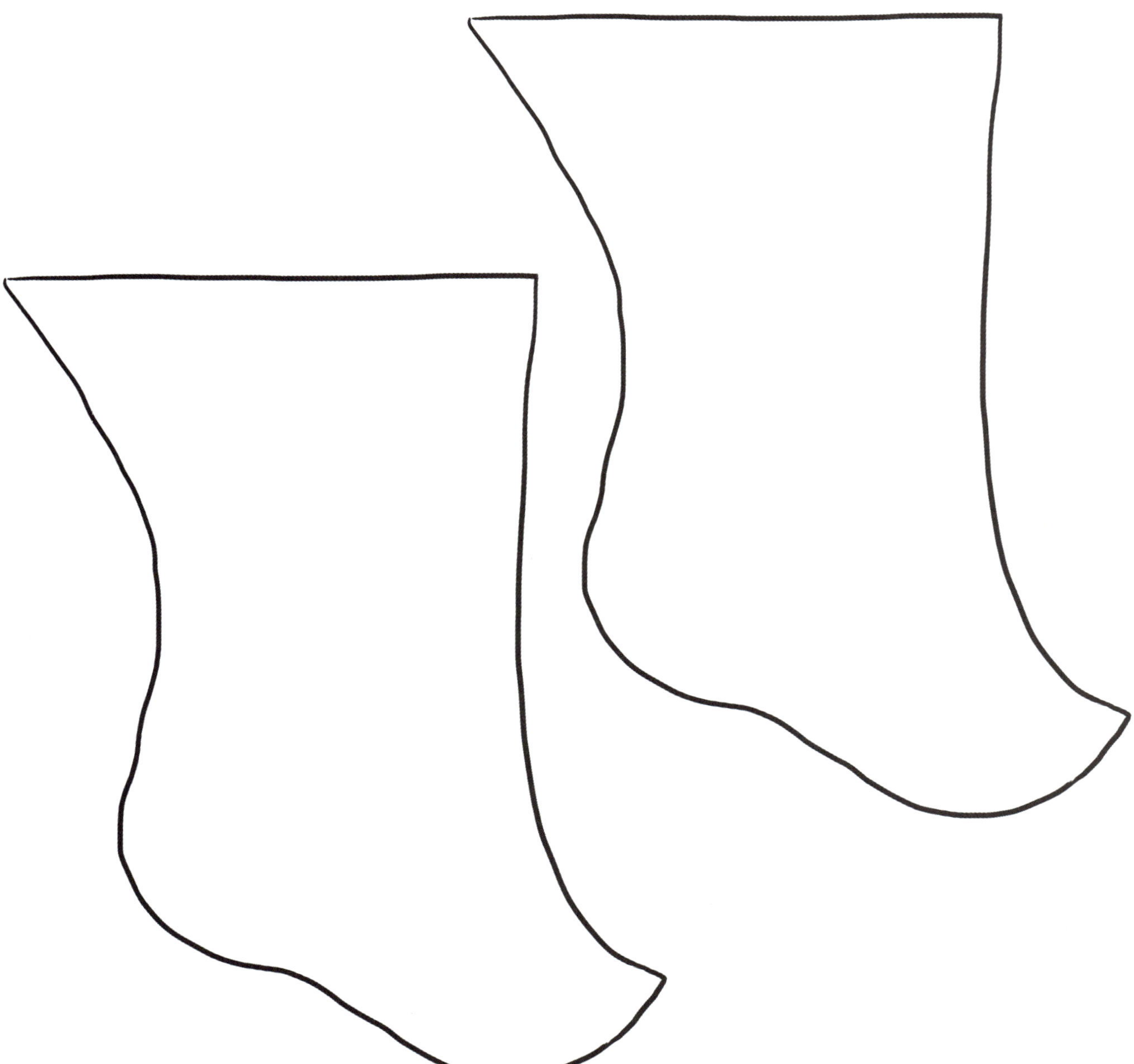

COLORIE
LE PORTRAIT DE
CE CHEF SIOUX.

Red Cloud n'était pas fils de chef. Il devint chef sioux par son courage et sa témérité. Il combattit pour la liberté de son peuple.

Red Cloud, chef des Amérindiens Oglalas, 1822-1909

IMAGINE
LA SUITE
DE CETTE BATAILLE.

Des dessins des batailles menées par les chefs indiens, réalisés sur des peaux de bison, étaient parfois montés en tunique.

Le moko est
le tatouage maori sur le visage.
Les motifs d'un moko représentaient
le clan et le statut d'un chef maori.

TATOUE
CE VISAGE.

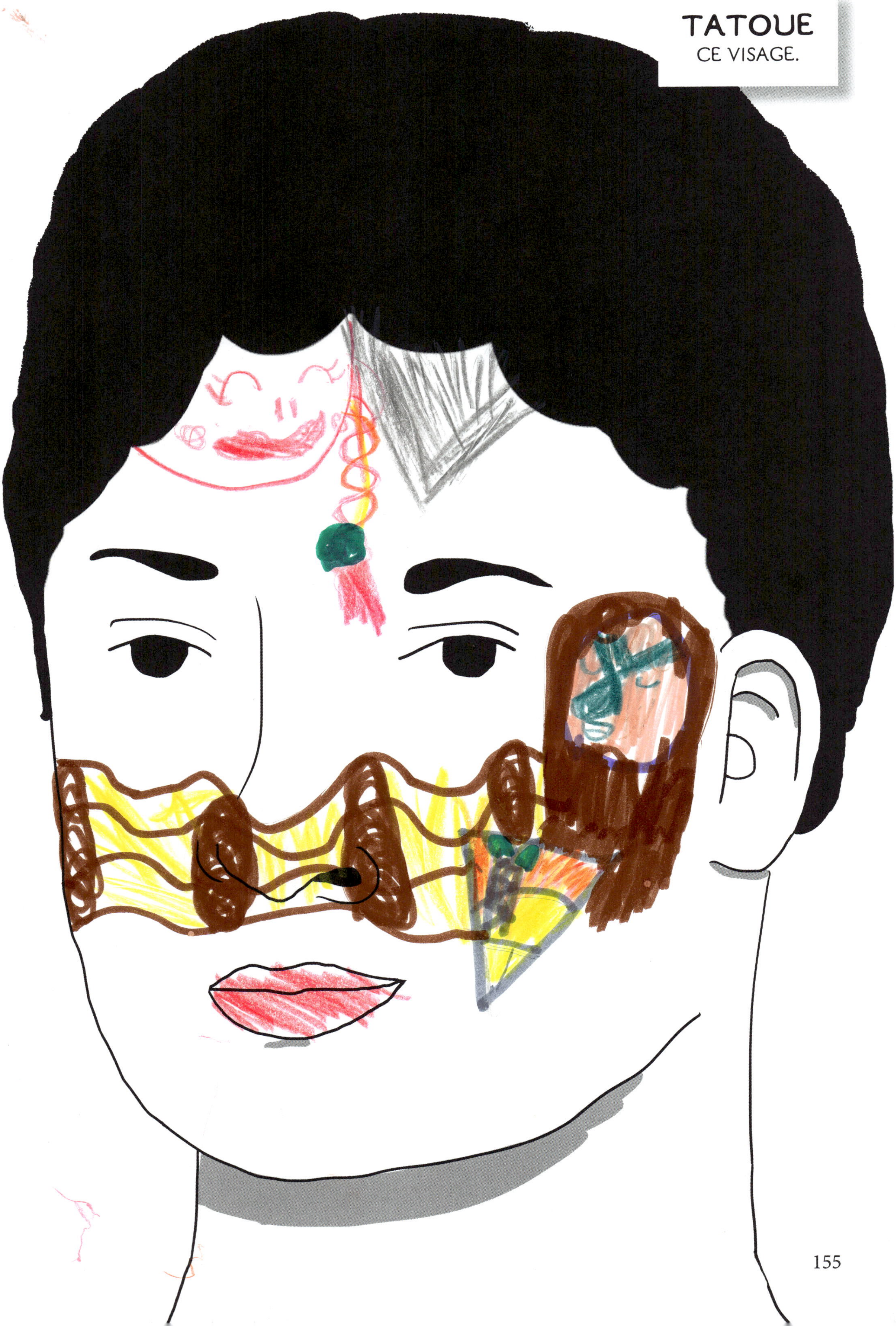

Nicolas II, empereur de Russie, 1872 - 1918
Alexandra Fiodorovna, impératrice de Russie, 1868 - 1918

COLORIE

LE TSAR ET LA TSARINE EN TENUE D'APPARAT.

Nicolas II, le dernier empereur de Russie, fut mis à mort avec sa famille et son personnel par des bolcheviks en 1918.

L'impératrice porte
un kokochnik,
une coiffe tradi-
tionnelle russe.
Les costumiers de
Stars Wars s'en
sont inspiré !

TERMINE
CE KOKOCHNIK.

REPRODUIS
LES FLEURS,
MARRON SUR
UN FOND JAUNE,
SUR LE MANTEAU
D'IVAN
LE TERRIBLE.

Ivan le terrible fut un souverain fou et sanguinaire. Il tua son fils dans un accès de démence !

Ivan le Terrible, 1er tsar de Russie, 1530-1584

Catherine II, impératrice de Russie, 1729 - 1796

DESSINE LES QUEUES D'HERMINE SUR LA CAPE DE L'IMPÉRATRICE ET **COLORIE** LA ROBE.

Catherine II contraignit son mari, Pierre III, un homme stupide et méchant, à abdiquer, puis elle se fit couronner. On la surnomma Catherine la Grande.

Soliman le Magnifique,
sultan de l'empire ottoman, 1494-1566

METS UN COUVRE-CHEF À CHACUN DES GUERRIERS EN SUIVANT LES MODÈLES.

En 1526, Soliman le Magnifique anéantit les troupes du roi de Hongrie lors de la bataille de Mohacs.

COLORIE

CETTE CAPE D'UN CHEF INDIEN D'ALASKA.

Les Indiens tlingit, répartis en 14 tribus, vivaient sur la côte sud de l'Alaska. Aujourd'hui, quelques centaines de personnes parlent encore la langue tlingit.

COLORIE
LE PORTRAIT
DE CE
MAHARADJAH.

Bhupinder Sing
était réputé
pour le faste
de sa cour.
Il a été
le premier
Indien à posséder
une voiture
et un avion.

Bhupinder Sing, maharadjah de Patiala dans le nord de l'Inde 1891 - 1938

COMPLÈTE ET COLORIE
CE COLLIER.

En 1926, le maharadjah envoya une malle remplie de pierres précieuses et de bijoux aux ateliers parisiens de joaillerie Cartier. Il souhaitait un collier d'apparat dans le style parisien. Cette création unique est composée de 2 930 diamants.

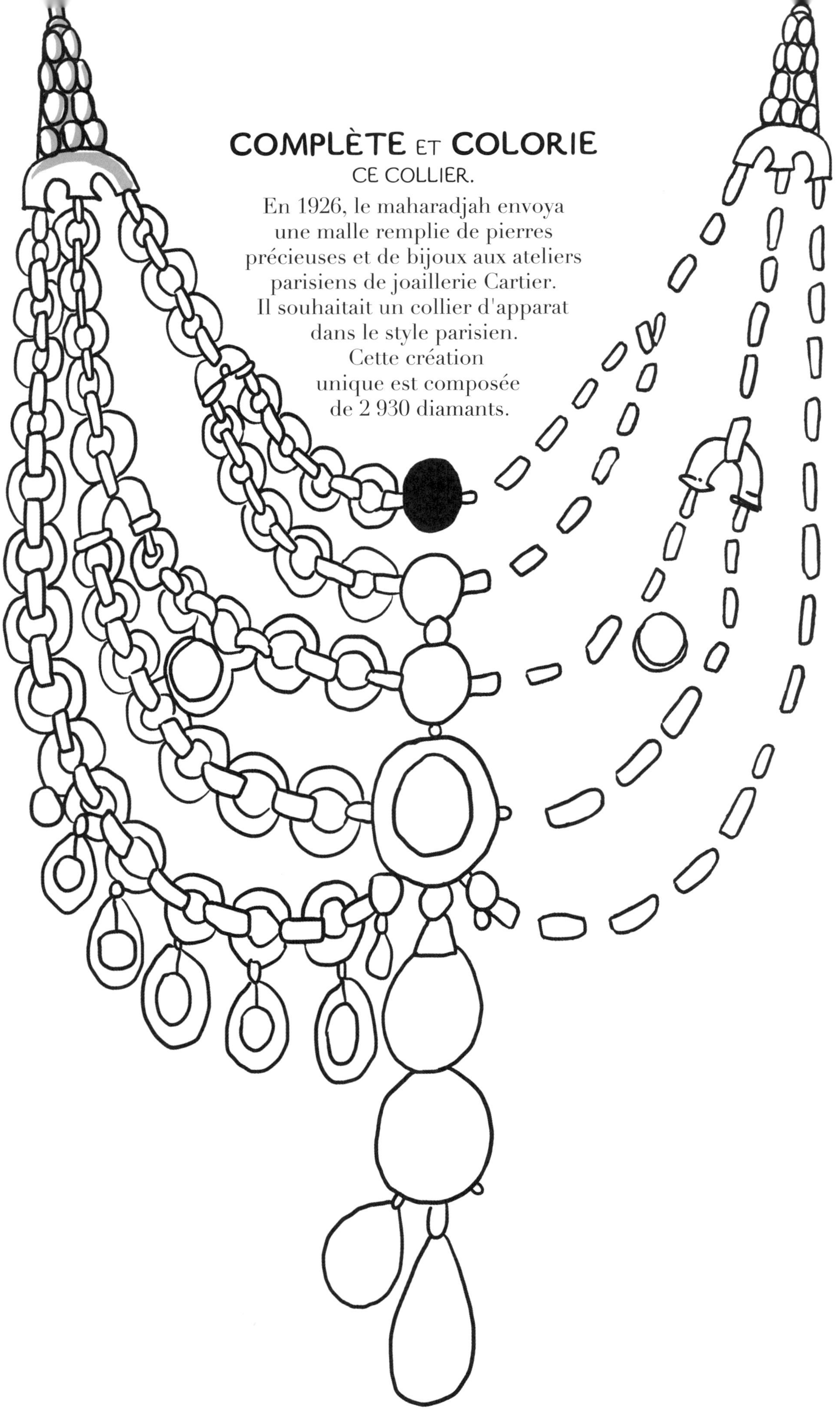

REPRODUIS
CE MOTIF DE FLEUR
SUR LE COSTUME DE
CE MAHARADJAH.

REPRODUIS
CES PETITES
FLEURS SUR CELUI
DE LA MAHARANI.

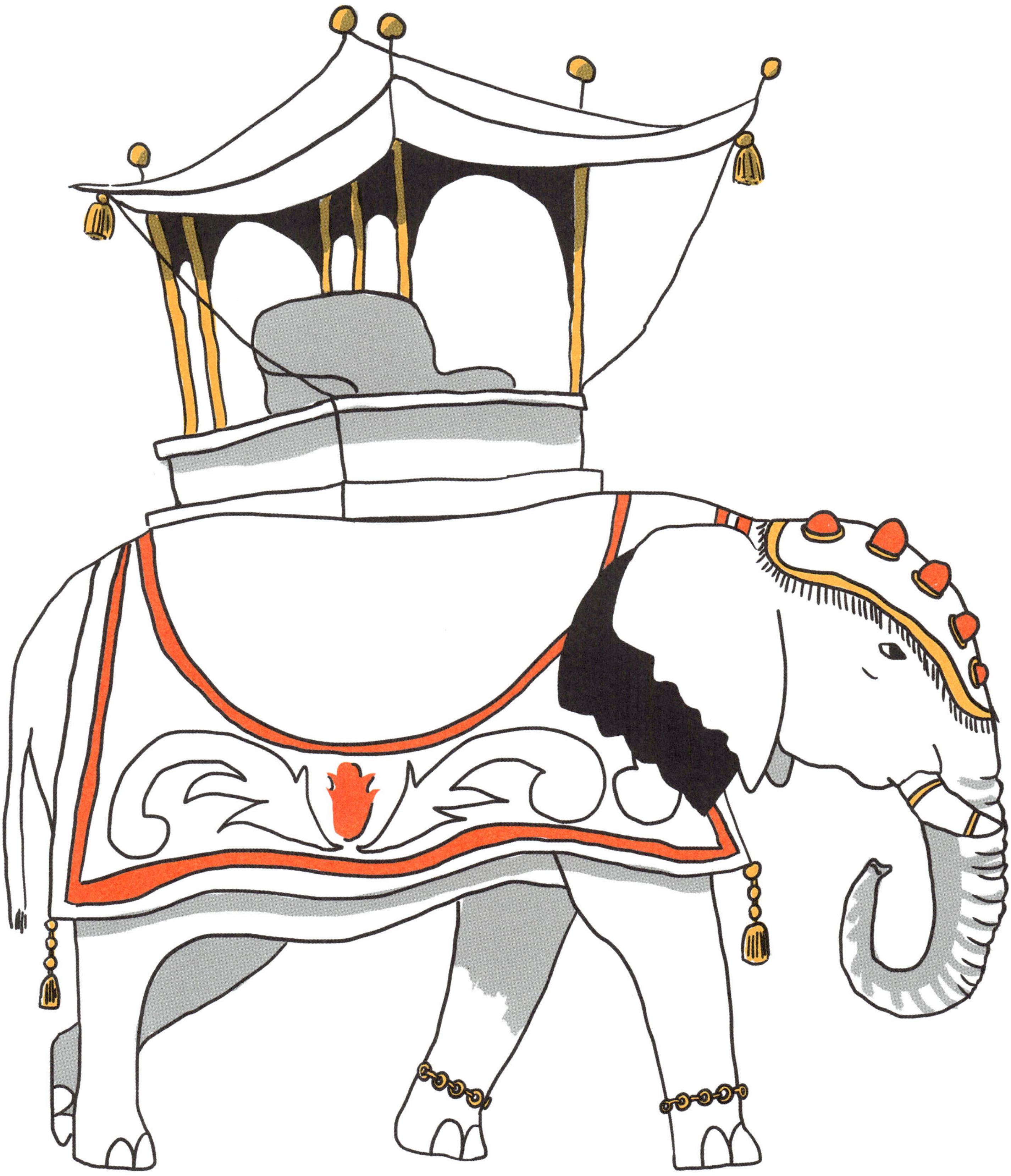

CUSTOMISE
LES TENUES
D'APPARAT
DES ÉLÉPHANTS
DES MAHARAJAS.

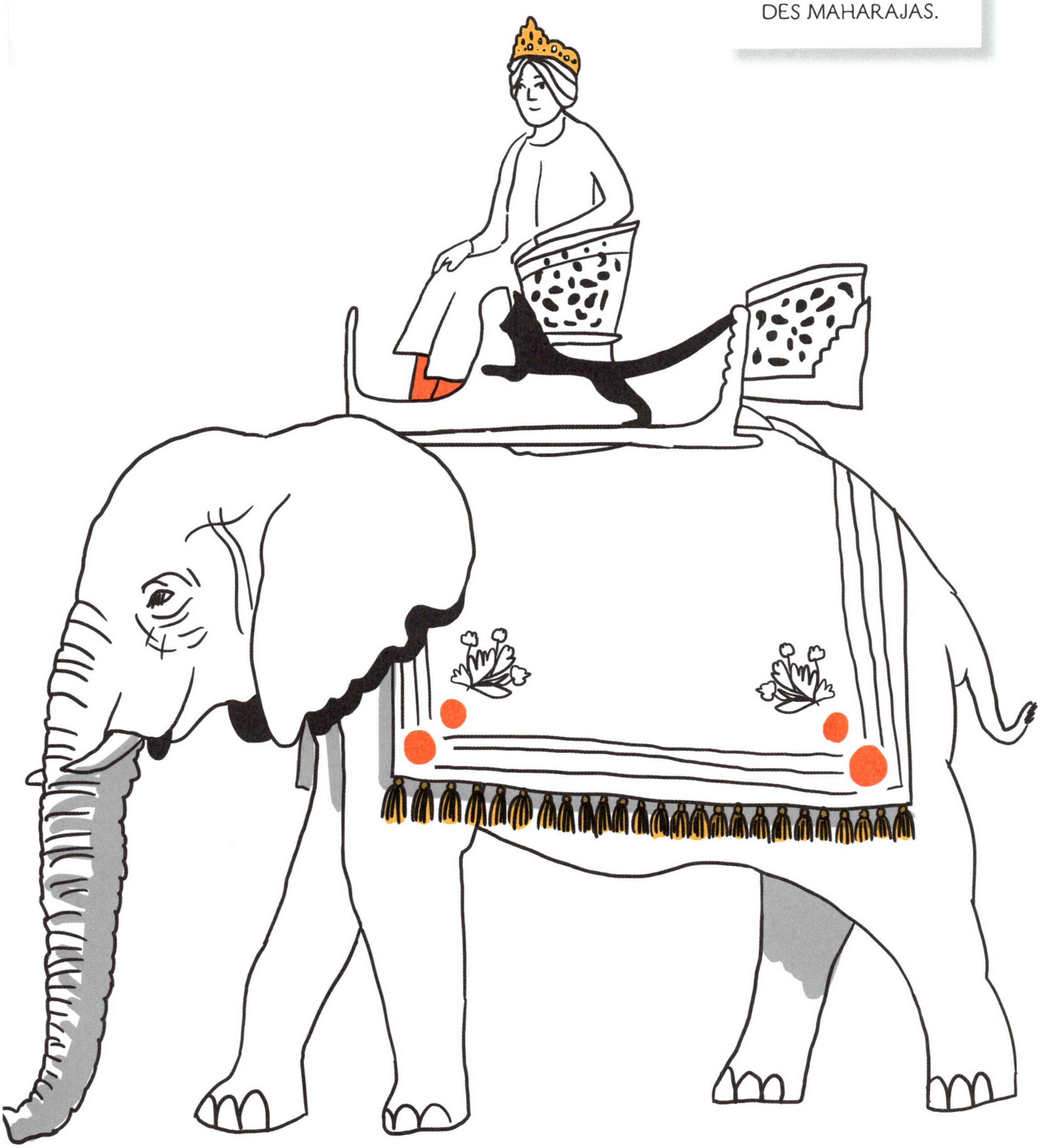

UTILISE TROIS COULEURS VIVES POUR COLORIER CE MOTIF.

Le cheik est un tissu de soie birman orné d'ondulations et de torsades.

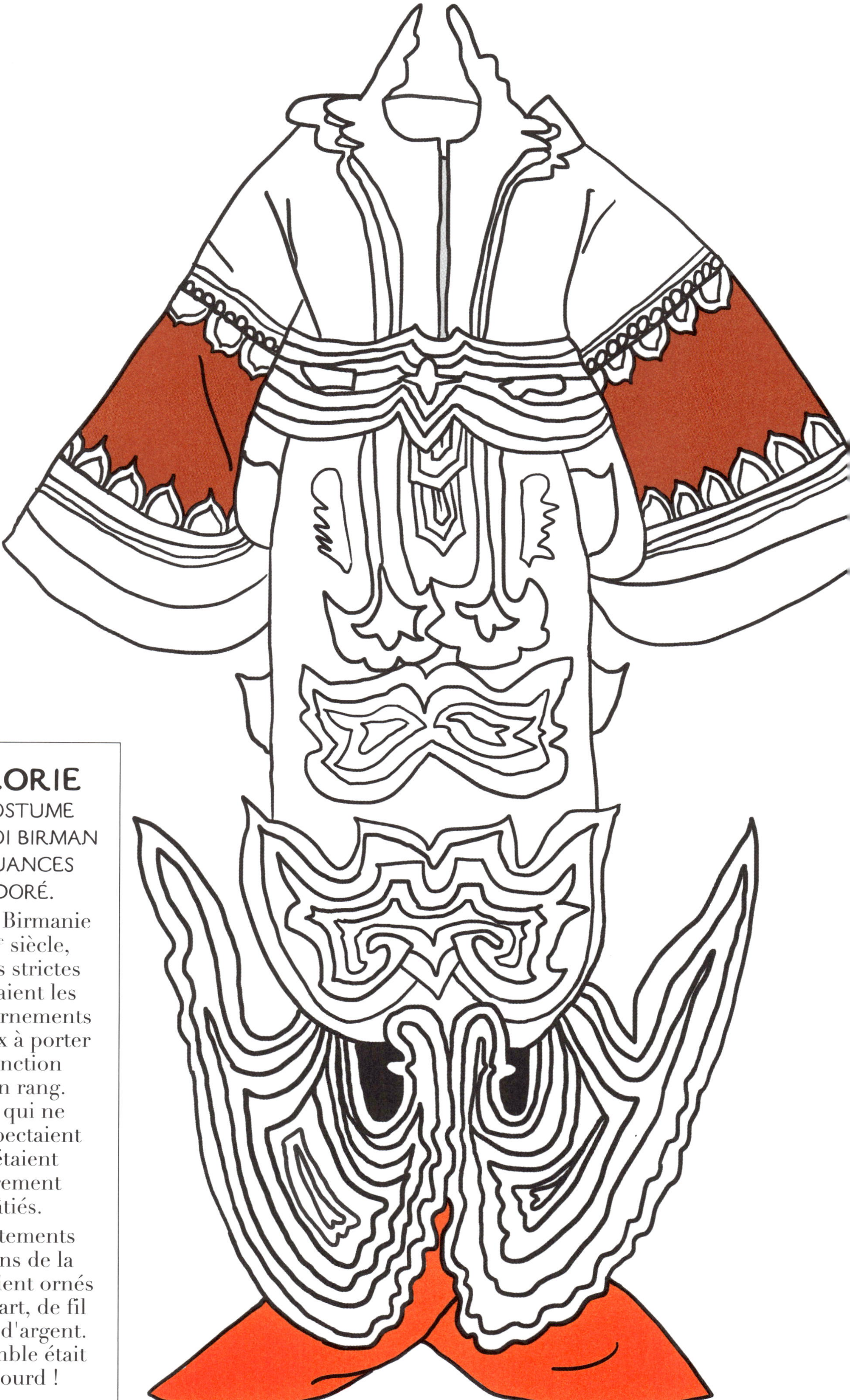

COLORIE

CE COSTUME D'UN ROI BIRMAN EN NUANCES DE DORÉ.

Dans la Birmanie du 19e siècle, des lois strictes imposaient les tissus, ornements et bijoux à porter en fonction de son rang. Ceux qui ne les respectaient pas étaient sévèrement châtiés.

Les vêtements des gens de la cour étaient ornés de brocart, de fil d'or ou d'argent. L'ensemble était très lourd !

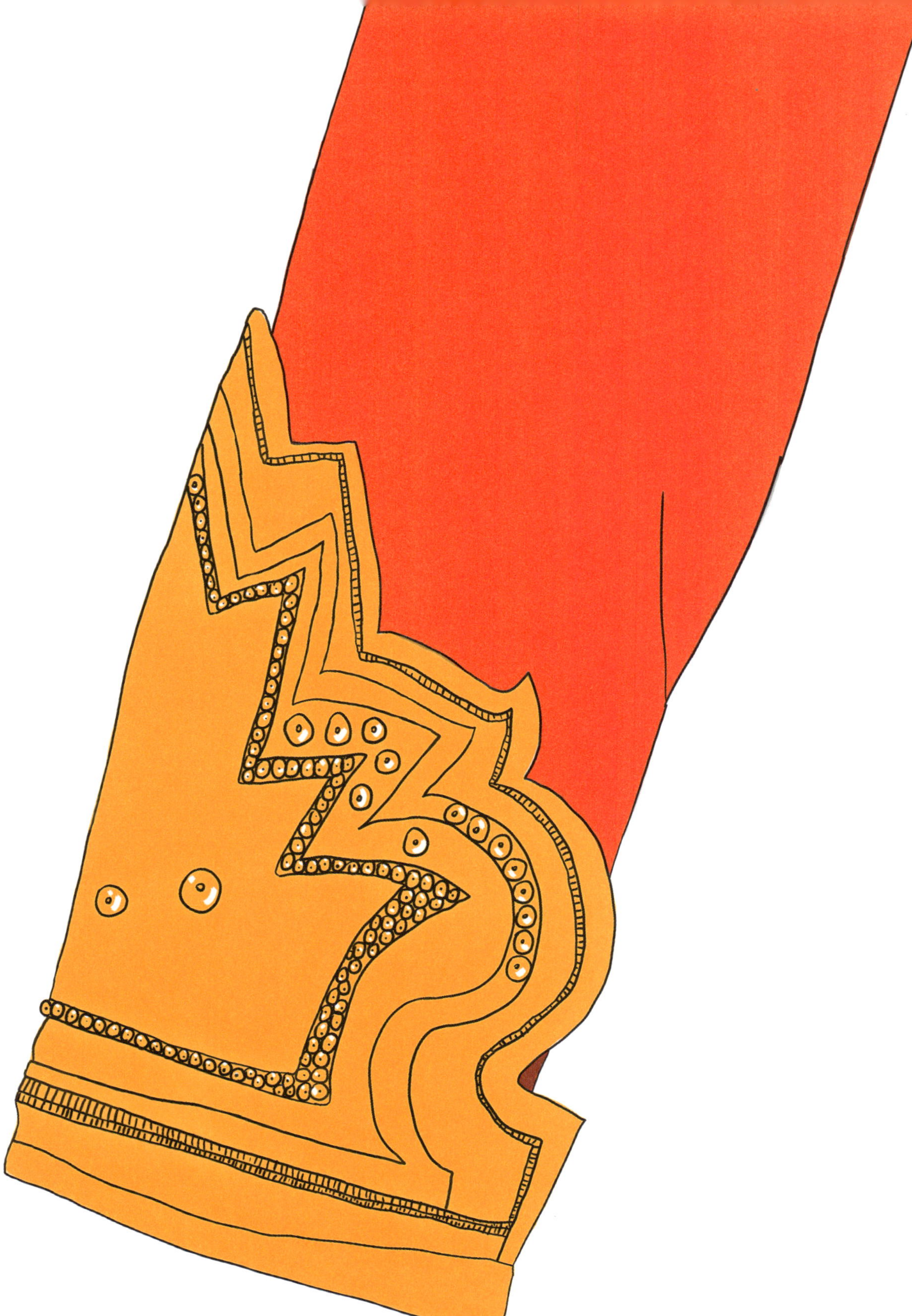

DESSINE
D'AUTRES
PASTILLES EN OR
SUR LA MANCHE
DE CETTE
TUNIQUE.

Les tisserands
d'Ouzbékistan, situés
sur la route de la soie,
avaient développé
un talent unique pour
travailler ce tissu.
Ce manteau, qui a
appartenu à un émir
ouzbek du 19e siècle,
en est un bel exemple.

COLORIE

AVEC DEUX COULEURS
BIEN DISTINCTES,
JAUNE/BLEU OU
ORANGE/VIOLET
OU ROUGE/VERT,
LE TISSU DE
CE MANTEAU.

COLORIE
CES DÉCORATIONS.

ACCROCHE

TOUTES CES DÉCORATIONS SUR LA TENUE DE L'EMPEREUR.

Pour son couronnement, le dernier empereur d'Éthiopie était somptueusement vêtu. De nombreuses décorations étaient épinglées à sa robe rouge brodée de fil d'or.

Hailé Sélassié, dernier empereur d'Éthiopie, 1892 - 1975

COLORIE

CETTE COURONNE DE LA DYNASTIE IRANIENNE PAHLAVI.

Elle est composée de 3 000 diamants, de saphirs, d'émeraudes et de perles. Le dernier chah d'Iran la portait au cours de cérémonies officielles.

CRÉE
TA PROPRE
COURONNE.

La limousine du sultan
de Brunei et de sa femme
est recouverte de bois
sculpté et de dorure.
Il y a aussi un parasol
et un drapeau.

Hassanal Bolkiah, Sultan de Brunei, né en 1946

CUSTOMISE
TA LIMOUSINE.

Le 11 mai 2014, Otumfuo Osei Tutu II commémora le 15e anniversaire de son intronisation. Il était vêtu d'un riche kente, vêtement traditionnel, et paré de bijoux en or

Bracelet

Bague cheval

Entre les bagues et les bracelets : trois triangles en or

Bague fleurs

Bracelet soleil

À dessiner sur son bandeau.

METS-LUI
TOUS SES BIJOUX.

Otumfuo Osei Tutu II,
roi de l'union Ashanti du Ghana,
né en 1950